Elke Mattheus-Staack

Taschenatlas
Gemüse

200 Arten und Sorten

203 Farbfotos
 52 Zeichnungen
  2 Tabellen

Inhalt

Vorwort 3
Einleitung 4
Einführende Bemerkungen 5

Gemüse von A bis Z 14

Pilze 172

Glossar 186
Literaturverzeichnis 187
Register der deutschen
Pflanzennamen 189
Register der wissenschaftlichen
Pflanzennamen 191
Bildquellen 192

**Bibliografische Information der
Deutschen Bibliothek**
Die Deutsche Bibliothek verzeichnet diese
Publikation in der Deutschen Nationalbibliografie; detaillierte bibliografische Daten sind
im Internet über http://dnb.ddb.de abrufbar.

Das Werk einschließlich aller seiner Teile ist
urheberrechtlich geschützt. Jede Verwertung
außerhalb der engen Grenzen des Urheberrechtsgesetzes ist ohne Zustimmung des Verlages unzulässig und strafbar. Das gilt insbesondere für Vervielfältigungen, Übersetzungen, Mikroverfilmungen und die Einspeicherung und Verarbeitung in elektronischen
Systemen.

© 2006 Eugen Ulmer KG
Wollgrasweg 41
70599 Stuttgart (Hohenheim)
E-Mail: info@ulmer.de
Internet: www.ulmer.de
Umschlaggestaltung: Atelier Reichert,
Stuttgart
Lektorat: Dr. Angelika Eckhard
Herstellung: Thomas Eisele
Reproduktion: Artilitho, Trento
Druck: Appl, Wemding
Printed in Germany

**ISBN-13: 978-3-8001-4619-2
ISBN-10: 3-8001-4619-3**

Vorwort

Die Reihe der Taschenatlanten wird hiermit um einen Taschenatlas für Gemüse fortgesetzt. Er ist als Nachschlagewerk für den Berufseinsteiger sowie für den interessierten Hobbygärtner gedacht.

Die Hauptkulturen und einige Raritäten sind alphabetisch nach ihrer deutschen Bezeichnung geordnet, wobei z. B. Blumenkohl unter Kohl oder Kopfsalat unter Salat zu finden ist. Es folgen die wissenschaftliche Nomenklatur und Familienzugehörigkeit, wobei auf die Nennung der Autoren verzichtet wurde. Die Angaben einiger Inhaltsstoffe und Verwendungsmöglichkeiten belegen neben dem gesundheitlichen Wert die zahlreichen Einsatzmöglichkeiten. Informationen zum Standort, Klima, Anbau, zu Düngung, Bewässerung, Ernte und Lagerung runden die Kulturbeschreibungen ab. Ausführlichere Anleitungen oder Pflanzenschutzhinweise würden den Rahmen dieses Werkes sprengen. Insbesondere für die Berufseinsteiger wird in der Einleitung Grundsätzliches zum Gemüse- und Pilzanbau dargestellt.

Ganz herzlich möchte ich mich bei Prof. Dr. Hans Dieter Hartmann und Einar Schmidt für Ihre Unterstützung bedanken. Ein weiterer Dank gilt den Gärtnern, die mir die Vielfalt der Fotos ermöglicht haben sowie dem Verlag Eugen Ulmer.

Geldern, im Herbst 2005
Elke Mattheus-Staack

Einleitung

Im Taschenatlas Gemüse werden auf rund 190 Seiten die verschiedensten Gemüsearten vorgestellt. Doch zunächst ist zu klären, was zum Gemüse zählt und worin sein besonderer Wert liegt.

Was ist Gemüse?

Nach einer Definition von SCHUPHAN (1948) werden als Gemüse alle nicht zum Obst oder Getreide zählenden Nahrungspflanzen aus gärtnerischem oder landwirtschaftlichem Anbau bezeichnet, gleichgültig ob Blätter, Knospen, Wurzeln, Knollen, Zwiebeln, Stängel, Sprosse, Blüten, Früchte, Samen oder auch Pilze, welche ganz und ohne Entzug wesentlicher Bestandteile entweder roh, gekocht, konserviert oder auf andere Art zubereitet direkt der menschlichen Ernährung dienen. Die Kulturen werden nach der Nutzung ihrer Organe in Wurzel-, Frucht-, Zwiebel-, Blatt- und Stiel- sowie Kohlgemüse und Gemüsehülsenfrüchte gegliedert.

Gesundheitswert

Ein Nahrungsmittel soll nicht nur sättigen, sondern auch schmecken, bekömmlich und gesund sein. Der gesundheitliche Wert wird von den Inhaltsstoffen bestimmt:

Der Anteil der Vitamine ist von der Gemüseart, Sorte, Reife, Witterung, Anbautechnik und Behandlung nach der Ernte abhängig. Der Carotin-, Vitamin-B_1- und insbesondere der Vitamin-C-Gehalt übertreffen den von Fleisch, Getreide und auch Butter. Mineralstoffe (P, K, Ca, Fe, Mg) sind in Abhängigkeit von der Düngung reichlich vorhanden. Würzstoffe, z. B. ätherische Öle und Senföle, sind geschmacksbestimmend und fördern die Bekömmlichkeit. Ballaststoffe, wie Zellulose und Pektin, spielen bei der Darmfunktion eine große Rolle. Sekundäre Pflanzenstoffe, wie Carotinoide und Bitterstoffe, bestimmen Geschmack und Aroma. Sie besitzen zudem gesundheitliche Bedeutung, so wirken z. B. Carotinoide und Phenole krebshemmend. Sie stimulieren die Abwehrstoffe und senken den Cholesterinspiegel. Glucosinolate hemmen die Entwicklung von Bakterien, Pilzen und Viren. Darüber hinaus verbessern Phenole die Fließeigenschaft des Blutes, wirken blutdruckregulierend und entzündungshemmend. Phthalide besitzen eine beruhigende Wirkung.

Bei Sauerkraut oder sauer konservierten Gurken kommt die durch die Bakterien entstandene Milchsäure hinzu, die sich u. a. positiv auf Verdauung und Cholesterinspiegel auswirkt. Energieliefernde Grundnährstoffe, wie Zucker, Eiweiß und Fett, sind weniger enthalten. Der Kohlenhydratanteil erreicht etwa 10 % von dem eines Weizenbrotes. Gemüse ist energiearm: Es macht satt, aber nicht dick und besitzt viele wertvolle Inhaltsstoffe.

Einführende Bemerkungen

Zum Verständnis des Buches dienen die Erläuterungen zu den verwendeten Abkürzungen, botanischen Begriffen und zum allgemeinen Gemüse- und Pilzanbau.

Abkürzungen

A	Anfang
bot.	botanisch
convar.	Convarietät, Gruppe von Sorten innerhalb einer variablen Art
E	Ende
I–XII	Monatsnamen
JP	Jungpflanze
M	Mitte
NP	Nitrophoska Perfekt (NPK 15–5–20–2)
Pfl.	Pflanze
sp.	Species, Art (Plural = spp.)
subsp./ssp.	Subspecies, Unterart mit von der Art abweichenden Merkmalen
Syn.	Synonym, bedeutungsgleicher Name, überholter Nebenname
TKG	Tausendkorngewicht
var.	Varietät, Varietät mit abweichenden Merkmalen
×	Kreuzung zweier naher verwandter Gattungen oder Arten

Botanische Merkmale

Im Folgenden werden die verwendeten Bezeichnungen grafisch dargestellt.

Blüten
Blütenformen

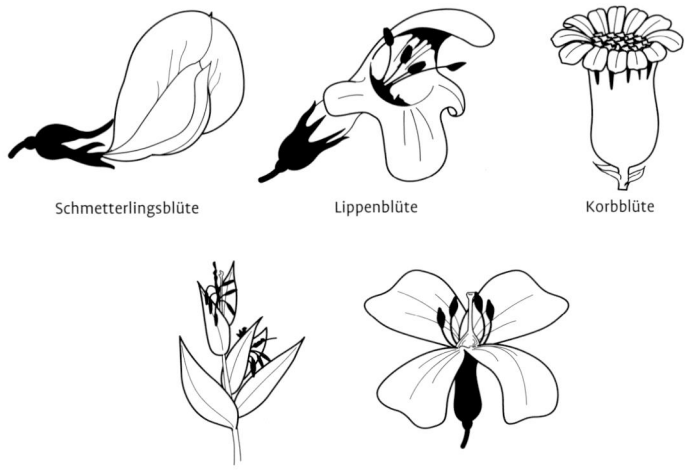

Schmetterlingsblüte　Lippenblüte　Korbblüte

Grasblüte　Kreuzblüte

Blütenstände / zusammengesetzte Blüten

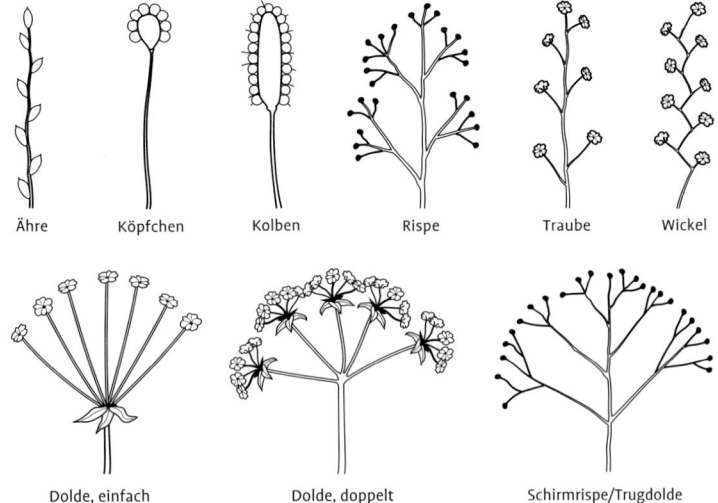

Ähre　Köpfchen　Kolben　Rispe　Traube　Wickel

Dolde, einfach　Dolde, doppelt　Schirmrispe/Trugdolde

Früchte

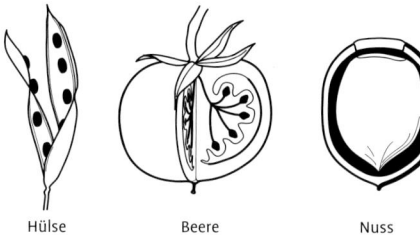

Hülse　　Beere　　Nuss　　Schote

Blätter
Blattformen

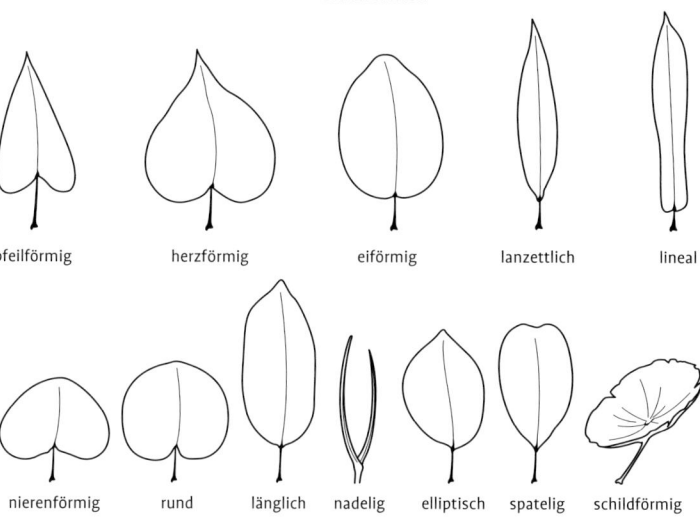

pfeilförmig　herzförmig　eiförmig　lanzettlich　lineal

nierenförmig　rund　länglich　nadelig　elliptisch　spatelig　schildförmig

Blattränder

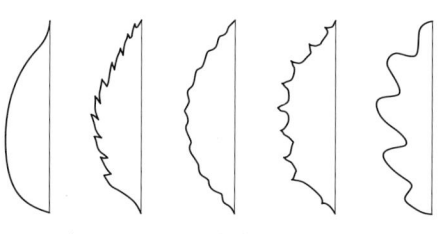

ganzrandig　gesägt　gekerbt　gezähnt　gebuchtet

Geteilte und zusammengesetzte Blätter

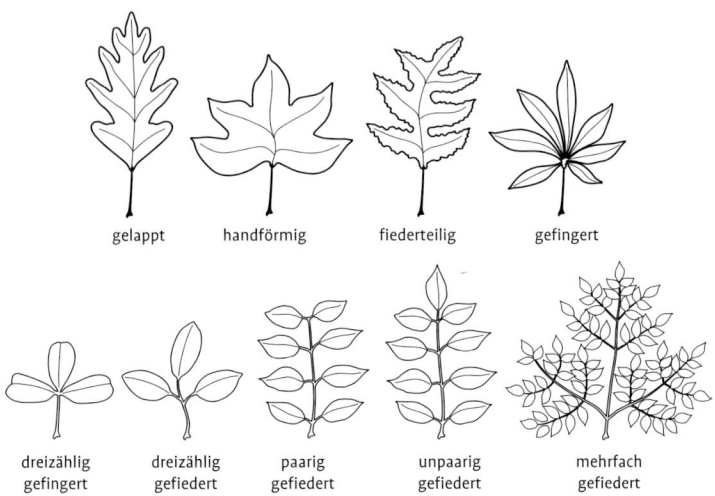

Blattstiele

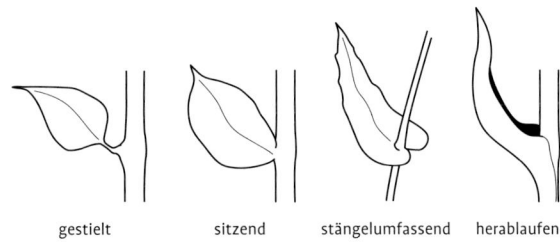

Blattstellungen

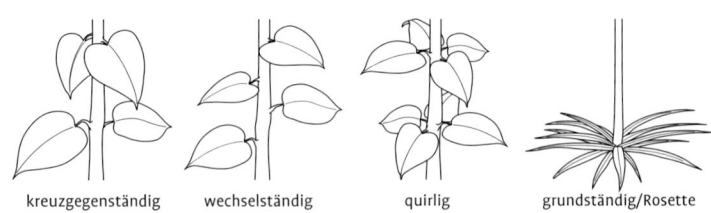

Gemüseanbau

Ein erfolgreicher Gemüseanbau beginnt mit der Wahl der geeigneten Kultur für den entsprechenden Boden, gefolgt von dessen Vorbereitung. Die Bemessung der erforderlichen Düngemengen geht der Aussaat oder Pflanzung voran. Bevor geerntet werden kann, steht während der Kulturzeit die Gesunderhaltung der Pflanzen im Mittelpunkt.

Wahl der geeigneten Kultur: Die Pflanze braucht den Boden als Standort. Sie wurzelt ein, verankert sich und entzieht ihm über die Wurzeln Wasser und Nährstoffe. Für die meisten Arten sind humose (mit mehr als 5% organischer Substanz), sandige Lehm- oder Lößlehmböden geeignet. Spargel und Möhren wachsen bevorzugt auf leichten Böden (überwiegend Sand bis sandiger Lehm), Kohlarten auf schweren Böden (Lehm, Ton). Bei der Wahl der Sorten ist der Anbauzeitraum zu berücksichtigen. Zudem sind Sorten mit Resistenzen oder Toleranzen z. B. pilzlichen Krankheiten gegenüber zu bevorzugen.

Bodenbearbeitung: Nach der Kulturwahl wird der Boden für die Aussaat bzw. Pflanzung vorbereitet. Zunächst wird er spatentief bearbeitet, um eine für das Pflanzenwachstum angepasste Bodenstruktur zu schaffen. Sie ermöglicht eine optimale Durchwurzelbarkeit. Im Hausgarten setzt man Grabgabel und Spaten ein, im Erwerbsbetrieb Pflüge verschiedener Bauart (u. a. Volldrehpflug, Beetpflug), Grubber und Spatenmaschinen. Pflüge lockern und wenden, Grubber lockern, mischen, zerkleinern und ebnen, Spatenmaschinen wenden und lockern den Boden. Zudem kann man Unkraut, langjährig keimfähigen Unkrautsamen sowie anorganische Dünger in die unteren Bereiche vergraben oder die Grunddüngung (z. B. mit Phosphor) durchführen.

Bei der Saat- oder Pflanzbettvorbereitung wird die oberste Schicht (<8 cm) u. a. mit Eggen und Walzen (zum Anschluss an den Untergrund) bearbeitet. Es werden kleine Aggregate („Krümel") hergestellt, die eine rasche Erwärmung des Bodens und damit die Keimung (optimaler Saataufgang) sowie ein schnelles Einwurzeln des Keimlings in den Boden (Anwachsen) fördern.

Nährstoffbedarf: Für Wachstum und Ertrag ist die ausreichende Versorgung der Pflanzen mit Nährstoffen unerlässlich. Zu den Hauptnährstoffen, welche die Pflanze in größeren Mengen benötigt, gehören:

– Stickstoff (N), als Baustein u. a. von Aminosäuren und Eiweiß,
– Phosphor (P), als Baustein vieler Verbindungen, ist am Stoffwechsel aktiv beteiligt,
– Kalium (K), es reguliert den Wasserhaushalt der Pflanzen, Geschmack und Haltbarkeit und
– Magnesium (Mg), welches u. a. für die Chlorophyllbildung benötigt wird.

Neben diesen Nährstoffen braucht die Pflanze in kleinen Mengen die sog. Mikro- oder Spurennährstoffe, wie Eisen (Fe), Bor (B), Kupfer (Cu), Mangan (Mn), Zink (Zn), Chlor (Cl) und Molybdän (Mo). Die Arten unterscheiden sich in ihrem Nährstoffbedarf.

Düngung: Die N-Düngung erfolgt umweltschonend nach der sog. N_{min}-Methode. Mit N_{min} ist der mineralische Stickstoff gemeint, der sich aus Ammonium- und Nitratstickstoff zusammensetzt. Die Höhe der Düngung orientiert sich am N_{min}-Sollwert (Summe aus dem N-Entzug durch die Pflanzen und dem erforderlichen N_{min}-Mindestvorrat zum Kulturende), von dem der Bodenvorrat und der aus Ernterückständen mineralisierte („frei werdende") Stickstoff abgezogen werden. Je nach Kulturart ist die Düngung auf mehrere Termine zu verteilen. Hierbei wird zur Grunddüngung (falls erforderlich) nicht mehr als ein Viertel des Gesamtbedarfs und die letzte Gabe wegen des Nitratgehalts im Erntegut zwei bis drei Wochen vor Erntetermin gegeben. Bei Lagergemüse liegt der letzte Düngetermin noch weiter vor der Ernte.

Bei den Angaben zur Düngung mit Phosphor, Kalium und Magnesium wurde in diesem Buch in aller Regel ein mittleres Ertragsniveau zugrunde gelegt. Die durch die Ernte zu erwartenden Nährstoffentzüge werden mit mineralischen Düngemitteln als Oxide ausgeglichen. Mittels Umrechnungsfaktoren lässt sich, ausgehend vom P-, K- und Mg-Nährstoffentzug, die Höhe der erforderlichen Düngergabe als P_2O_5, K_2O und MgO berechnen. Bei der Düngergabe ist zudem der Versorgungsgrad des Bodens zu berücksichtigen, über den das Ergebnis einer Bodenanalyse informiert. Im Erwerbsgemüsebau werden mindestens alle sechs Jahre P- und K-Gehalt, jährlich der N_{min}-Gehalt und in nicht festgelegten Abständen der Mg- und S-Gehalt sowie der pH-Wert ermittelt. In vielen Betrieben führen die Betriebsleiter z. B. zum Nachdüngetermin zusätzliche N_{min}-Analysen (u. a. mit Schnelltestmethoden) durch. Je nach Höhe der ermittelten P-, K- und Mg-Gehalte erfolgt die Zuordnung in Gehaltsklassen (siehe Tab. 1), an der sich die Höhe der Düngung orientiert (siehe Tab. 2).

Erfolgt die Zuordnung in die Gehaltsklasse A, ist die Düngung in Bezug auf diesen Nährstoff zu verdoppeln.

Folieneinsatz: Zur Verfrühung werden Folien und Vliese eingesetzt: gelochte transparente Polyethylenfolien (PE) mit Stärken von 0,025 bis 0,05 mm sowie 17 bis 23 g/m² schwere Vliese aus Polypropylen (PP), entweder als Doppelbedeckung bei den ersten Pflanz-/Saatsätzen oder als Einfachbedeckung bei den späteren Sätzen. Im Spargelanbau setzt man u. a. transparente PE-Folien mit Zusätzen gegen Tropfenbildung (Antitau) oder zur Verringerung der Wärmerückstrahlung ein.

Tab. 1. Gehaltsklassen für die P-, K- und Mg-Düngung (nach Landwirtschaftskammer Hannover 1998, unveröffentlicht)

Gehaltsklasse	Phosphor (als P_2O_5) alle Bodenarten (Angaben in mg/100 g Boden, CAL-Methode)	Kalium (als K_2O)		Magnesium (MgO)	
		leichter Boden (Angaben in mg/100 g Boden, CAL-Methode)	mittlerer bis schwerer Boden	leichter Boden (Angaben in mg/100 g Boden, $CaCl_2$-Methode)	mittlerer bis schwerer Boden
A	< 4	< 4	< 8	< 2	< 4
B	5–10	5– 8	9–15	3– 4	5– 7
C	11–20	9–15	16–25	5– 7	8–10
D	21–30	16–25	26–35	8–10	11–13
E	> 30	> 25	> 35	> 10	> 13

Tab. 2. P-, K- und Mg-Düngeempfehlung in Abhängigkeit von der Einstufung der Bodenuntersuchung in die Nährstoffgehaltsklassen (nach VDLUFA 1997, 1999)

Nährstoffgehaltsklasse	Düngeempfehlung	Düngebedarf
A (sehr niedrig)	stark erhöhte Düngung	2,0 × Nährstoffentzug
B (niedrig)	erhöhte Düngung	1,5 × Nährstoffentzug
C (anzustreben)	Erhaltungsdüngung	1,0 × Nährstoffentzug
D (hoch)	verminderte Düngung	0,5 × Nährstoffentzug
E (sehr hoch)	keine Düngung	

Falscher Mehltau am Salat ist erkennbar an den durch die Blattadern scharf begrenzten Flecken auf Blattober- und -unterseite und weißem Myzel auf der Blattunterseite. Neben der Einhaltung der Fruchtfolge trägt die Wahl resistenter Sorten zur Vermeidung bei.

Zum Schutz der Gurken vor Echtem Mehltau, erkennbar an dem weißlichen Pilzmyzel auf der Blattoberseite, sind Sortentoleranzen und Fungizide zu nutzen.

Bodenpflege: Während der Kultur wird mit starren und rotierenden Geräten gehackt, um die Kruste zu brechen, Luft- und Wasserhaushalt zu verbessern, Dünger einzumischen und Unkraut zu beseitigen. Mit Jäten und Häufeln können zudem die Unkräuter bekämpft werden.

Wasserbedarf (Niederschlag und Beregnung): Der Gesamtwasserbedarf einer Pflanze ist von Vegetationsdauer, Einstrahlung und Masseentwicklung abhängig. Je nach Kultur(-dauer) liegt der Bedarf im Freiland von 200 bis >600 mm, im Gewächshaus bis >900 mm. Er wird aus den Niederschlägen im Freiland, dem Bodenvorrat und zusätzlichen Beregnungsgaben mit durchschnittlich 20 bis 30 mm/Gabe gedeckt. Um den Bewässerungszeitpunkt festzustellen, kann man u.a. mit dem Tensiometer die Bodenfeuchte ermitteln. Mit Beregnungsmaschinen erfolgt die Bewässerung der Freilandkulturen von oben. Im Gewächshaus werden, abhängig von der Einstrahlung, die Kulturen über Düsenrohre von oben, bei Tomaten-, Gurken- oder Paprikakulturen besser über eine bodennahe Tropfbewässerung ebenerdig bewässert.

Einsatz von Kulturschutznetzen: Als Schutz der Gemüsekulturen vor Insektenbefall werden Kulturschutznetze z.B. gegen Kohl- und Möhrenfliege (1,35 mm Maschenweite) oder gegen Erdflöhe (0,8 mm Maschenweite) eingesetzt.

Fruchtwechsel und -folge: Als Fruchtfolge wird die planmäßige Abfolge von Pflanzenarten für die geordnete Nutzung eines Feldes bezeichnet. Beim Fruchtwechsel wählt man für eine Fläche eine Abfolge von Arten aus verschiedenen Familien. So wird der Anreicherung schädlicher Bodenorganismen, wie Kohlhernie bei Kreuzblütlern, vorgebeugt.

Lagerung: Nach der Ernte laufen in allen Gemüsekulturen viele physiologische Prozesse, wie Reifungsvorgänge und Transpiration, weiter, die den Frischegrad und somit die Qualität mindern. Bei der Lagerung soll das Gemüse frisch gehalten werden, z. B. durch schnelles Herunterkühlen, Einhaltung der für jede Kultur speziellen Lagertemperatur. Darüber hinaus sollte nur unbeschädigtes Gemüse gelagert werden, denn jede Beschädigung begünstigt das Auftreten von Fäulen. Obst und Gemüse sollte getrennt gelagert werden.

Pilzanbau

Im Vergleich zu den Pflanzen besitzen Pilze kein Chlorophyll, d. h., sie können nicht wie Pflanzen aus anorganischen Verbindungen Zucker bilden. Stattdessen bilden sie Enzyme, die außerhalb der Zelle komplizierte organische Moleküle zu einfachen Verbindungen, wie Kohlenhydrate (u. a. Mono- und Disaccharide) oder Aminosäuren, abbauen, die dann für die Stoffaufnahme und den Stoffwechsel zur Verfügung stehen. Die bedeutsamste Fähigkeit der Pilze ist der Abbau der riesigen Zellulosemengen, die einen Großteil der landwirtschaftlichen Abfälle ausmacht. Ein Teil der Pilze (Weißfäulepilze) ist in der Lage, Lignin als wichtige Kohlenstoff- und Stickstoffquelle zu verwerten. Optimales Pilzwachstum setzt jedoch ein bestimmtes Kohlenstoff- und Stickstoffverhältnis im Substrat voraus, beim Kulturchampignon z. B. im Verhältnis 15 : 1.

Ausgangspunkt für das Pilzwachstum ist das Pilzmyzel. Dieses wird aus Hyphen gebildet. Die Hyphe ist, vereinfacht gesehen, ein zylindrisches Rohr von 5 bis 10 μm Durchmesser mit Querwänden, in denen sich eine Öffnung befindet. Das Hyphenwachstum erfolgt durch Teilung der Spitzenzellen. Die Hyphen dienen der Nahrungsaufnahme und Speicherung und bringen die Fortpflanzungsorgane hervor. Aus einer Myzelverdichtung entsteht bei den Schlauch- und Ständerpilzen der Fruchtkörper, den wir als Pilz bezeichnen. Für die Furchtkörperbildung ist ein optimaler Ernährungszustand des Myzels erforderlich sowie, u. a. beim Kulturchampignon, das Vorhandensein bestimmter Mikroorganismen in der Deckerde. Die Geschwindigkeit der Fruchtkörperbildung ist stark temperaturabhängig. In der Fruchtschicht des Fruchtkörpers werden die Sporen gebildet, die die gleiche Aufgabe übernehmen wie die Samen der Pflanzen.

Ausgangspunkt der Pilzkultur ist die sog. Brut, ein Pilzmyzel, welches eine Trägersubstanz (z. B. Getreide) dicht besiedelt hat. Sie wird für die Beimpfung (Spicken) des Kultursubstrats verwendet. Die Brut, im Folienbeutel oder im Plastikbehälter herangezogen, wird in speziellen Laboratorien hergestellt und kann bei 2 bis 4 °C, je nach Art, zwei bis sechs Monate aufbewahrt werden. Einwandfreie Brut ist erkennbar am typischen Pilzgeruch und der weißen Farbe. Sauer riechende Brut oder z. B. Brut mit grünem Schimmel ist unbrauchbar. Werden einige Brutkörner in einem sauberen Glasdeckel mit feuchtem Löschpapier bei Zimmertemperatur aufgestellt, sollten bei voll verwendungsfähiger Brut die Körner nach drei Tagen von feinem, weißem Myzelflaum bedeckt sein.

Der meistverbreitete Substratgrundstoff für den wirtschaftlich bedeutendsten Kulturpilz, den Champignon, ist Pferdedung mit Weizenstroheinlage. Dazu kommen noch Zuschlags- und Ergänzungsstoffe (z. B. Gips, Baumwollsaatschrot). Dieses Substrat wird zunächst in offen stehenden Mieten einem Rotteprozess unterzogen. Dann bringt man das homogene Substrat in ein geschlossenes System, in dem es mit hohen Temperaturen von Krankheitserregern befreit und dann so lange fermentiert wird, bis ein geeignetes Substrat mit einem ausgewogenen Nährstoffverhältnis entstanden ist. Beim Spicken (Beimpfen des Substrates mit der Pilzbrut) und beim Abdecken hat sich eine Substratfüllung von 90 bis 100 kg/m² Beetfläche als optimal erwiesen. Beim Spicken wird die Brut, nachdem die Substrattemperatur auf <30 °C gesunken ist, entweder gleichmäßig mit dem Substrat vermischt oder nur auf der Oberfläche verteilt und anschließend eingearbeitet.

Eine Schicht von 4 bis 5 cm Deckerde (u. a. aus Torf, Sand, Kalk) verhindert die Kohlendioxid-Anreicherung im Substrat, erleichtert die Temperatursteuerung und verhindert zu starkes Austrocknen. Sieben bis neun Tage nach dem Abdecken wird die Deckerde mit einem Kratzbesen oder einer Harke manuell aufgeraut oder auch maschinell aufgekratzt. Hierdurch soll eine gleichmäßige Myzelverteilung in der Deckerde und damit ein gleichmäßiger Fruchtkörperbesatz gefördert werden. Gleichmäßige Feuchte der Deckerde sowie eine der Entwicklung angepasste Temperaturregelung bei Raumkulturen führen zur Fruchtkörperbildung und -entwicklung und schließlich zur Ernte.

Andere Pilzarten, wie die Austernpilze, werden auf einem Strohsubstrat angebaut. Sie können Lignin abbauen und verwerten und nutzen dieses als Kohlenstoff- und Stickstoffquelle (Weißfäulepilze). Heute werden im europäischen Raum Getreidestroh (Weizen, Gerste), aber auch Maiskolben als Grundstoff verwendet. Bei der Sackkultur wird das zuvor fermentierte Strohsubstrat z. B. in Kunststoffsäcke gefüllt, die 0,5 bis 2 mm große Öffnungen zum Luftaustausch sowie 12 mm große Öffnungen für die Fruchtkörperbildung besitzen.

Auf geschlagenem Holz u. a. von Eiche, Hainbuche, Erle, Buche, Birke und Kastanie wachsen die obligat saprophytisch lebenden Shii-take. Bei Birke und Buche kann direkt nach dem Schlag die Beimpfung erfolgen, bei allen anderen Hölzern empfiehlt sich eine Wartezeit von vier bis sechs Wochen und eine Feuchte von 35 bis 55 %. Im Allgemeinen werden Hölzer von 100 bis 120 cm Länge und 8 bis 20 cm Durchmesser verwendet. Beim Judasohr werden kurze, dicke Holzscheite im Boden versenkt. Zur Beimpfung können bei der Bohrloch-Impfmethode Bohrlöcher von 15 bis 20 mm Durchmesser und 3 bis 5 cm Tiefe in vier bis fünf Reihen dienen, in die die Stäbchenbrut gefüllt wird. Bei der Schnitt-Impfmethode werden zwei Einschnitte etwa 40 cm von den Stirnseiten entfernt mit der Körnerbrut befüllt und diese dann mit einem Folienstreifen abgedeckt, der dann befestigt wird.

Auf einem Substrat aus Getreidestroh, bewährt haben sich Weizen-, Roggen-, Gersten-, Hafer- und Leinstroh, wächst der Kulturträuschling, auch Braunkappe genannt. Für eine kleine Kultur wird ein Pressstrohballen (nicht Rundballen) für zwei Tage in einen Behälter mit maximal 60 °C warmem Wasser getaucht, danach muss es ablaufen. Optimal für das Beimpfen ist eine Feuchte von 70 bis 72 % (beim Zusammendrücken einer Hand voll Stroh erscheinen zwischen den Fingern einige Wassertropfen).

Verwendet werden als Brut Stroh- oder Stäbchenbrut.

Der Gesundheitswert der Pilze wurde durch ein verstärktes Naturbewusstsein wiederentdeckt. So konnten bei den Kulturspeisepilzen u. a. Purine, Pyrimidine und Terpenoide als antibakteriell wirksame Antibiotika, bei anderen auch antivirale Eigenschaften entdeckt werden.

Bei den wild wachsenden Pilzen zählen u. a. Pfifferling und Steinpilz zu den bekanntesten. Bisher gibt es für ihre Vermehrung keine geeigneten Kulturverfahren.

Achtung: Sammeln und verzehren sollte man nur die Pilze, die sich sicher bestimmen lassen.

Gemüse von A bis Z

Andenbeere oder Kap-Stachelbeere
Physalis peruviana (Solanaceae, Nachtschattengewächse)

Herkunft: Südamerika.
Pflanze: Krautig, frostempfindlich, im geschützten Anbau mehrjährig, buschiges Wachstum, alle Pflanzenteile schwach behaart, 1 bis 1,5 m hoch.
Blatt: Wechselständig, am Grund herzförmig, gleichmäßig abgerundet.
Blüte: Einzeln blattachselständig, hellgelb mit dunkelbraunem Schlund.
Nutzung: Früchte (gelblich orangefarben, 4–15 g schwer, bot. Beere) als Gemüse. Roh, als Salat, Konfitüre, Kompott, zur Dekoration, süß-, säuerlicher Geschmack.
Gesundheitswert: Reich an Carotin, Vitamin B und C, Phosphor, Eisen.
Standort: Lockere, leicht erwärmbare, humusreiche Böden, pH-Wert 5,5–7.
Klima: Anbau im Freiland nur in Weinbaugebieten in geschützten, vollsonnigen Lagen.
Anbauzeitraum: JP M III–E IV ins Gewächshaus, M V ins Freiland pflanzen.
Aussaat: III für Pflanzung M V oder vegetative Vermehrung über Kopfstecklinge einjähriger Pflanzen ab A XI möglich. Stecklinge bewurzeln im Folientunnel bei 18–20 °C, dann 14–16 °C, ab I regelmäßig zurückschneiden.
Pflanzung: 2–2,5 Pfl./m^2.
Düngung (g/m^2): N: 13, P$_2$O$_5$: 5, K$_2$O: 26, MgO: 5 (wie Tomaten). Kopfdüngungen mit 5–6 g N ab Beginn Fruchtwachstum.
Wasserbedarf (Niederschlag und Beregnung): Wie Tomaten hoher Bedarf.
Ernte: M VI–X, wenn die Blütenkelche hellbraun verfärben und eintrocknen.
Lagerung: Bei 10 °C, trockener Luft 8–14 Tage.
Hinweise: 2- bis 3-triebige Kultur an Stützgerüsten aufleiten. Seitentriebe regelmäßig ausgeizen.

Artischocke
Cynara scolymus (Asteraceae, Korbblütler)

Herkunft: Östlicher Mittelmeerraum.
Pflanze: Ausdauernd, bis über 1 m hohe distelartige Staude, im mitteleuropäischen Klima nicht winterhart.
Blatt: Grundständig, groß, fiederteilig, graufilzig.
Blüte: Purpurblau in kiefernzapfenähnlich aussehenden Blütenköpfen (rund, zylindrisch, oval, 8–16 cm Durchmesser, grün bis violett) an langen Achsen.
Nutzung: Blütenköpfe (bestehend aus fleischigem Boden und Blütenhüllblättern) als Gemüse. Gekocht mit nussartigem, leicht bitterem Geschmack.
Gesundheitswert: Reich an Vitaminen der B-Gruppe, Phosphor und phenolischen Stoffen (u. a. Cynarin); wirkt appetitanregend, galle- und harntreibend. Neuerdings genutzt, um erhöhte Blutfettwerte zu senken.
Standort: Nährstoffreiche, tiefgründige, lockere, warme Böden, pH-Wert 6,5–7,2.
Klima: Sonnige, windgeschützte Lagen optimal. Pflanzen im Winter bedecken oder frostfrei überwintern.
Anbauzeitraum: Vorkultivierte JP M IV unter Vlies und Folie, ab A V unter Folie oder Vlies, ab 20.V ohne Bedeckung ins Freiland pflanzen.
Aussaat: M II für Pflanzung M IV in 5-, 6-, 8-cm-Töpfe.
Pflanzung: 150×60 cm, 100×75 cm.
Düngung (g/m²): N: 8 (in 2–3 Gaben), P_2O_5: 6, K_2O: 10, MgO: 2; 5–6 g Stallmist/m².
Wasserbedarf (Niederschlag und Beregnung): Hoch. Während der Vegetationsperiode reichlich beregnen.
Ernte: VII–IX, ca. 70–75 Tage nach Pflanzung. Blütenköpfe im Knospenstadium schneiden.
Lagerung: Bei −0,5 bis 0 °C, 95–98 % rel. Luftfeuchte bis 2 Wochen.

Asia-Salate: Mini-Pak Choi
Brassica rapa ssp. *chinensis* (Brassicaceae, Kreuzblütler)

Herkunft: Als Asia-Salate bezeichnet man eine Vielzahl von Arten und Sorten, die im asiatischen Raum als Gemüse verwendet werden.
Pflanze: Im gemäßigten Klima einjährig, in Heimatgebieten zweijährig, hitzetolerant.
Blatt: Blasig, dunkelgrün mit breiten, weißen Rippen.
Nutzung: Blätter als Gemüse. Geschmack reicht von rucolaähnlich, scharf bis leicht kohlig mild. Als Zugabe zu Salaten, gedünstet (z. B. im Wok) als Beigabe zu Fisch und Fleisch sowie zum Füllen einer Ente.
Gesundheitswert: Eisen- und Vitamin-C-Gehalt bedeutsam.
Standort: Mittelschwere, humusreiche, durchlässige Böden mit guter Struktur und Wasserführung.
Klima: Gemäßigt.
Anbauzeitraum: III–IX im Freiland. Kulturdauer: 34–56 Tage. Unter Glas ganzjährig bzw. II–X im ungeheizten Folienhaus kultivieren. Kulturdauer: je nach Art und Jahreszeit: 40–75 Tage. Direktsaat möglich.
Aussaat: Für Schnitt-, Bund- und Stückware 5–10 Korn/4-cm-Presstopf. Keimung bei 20/18 °C, nach Aufgang 15/16 °C.
Pflanzung: 10 × 10 bis 15 × 15 cm (Schnittware), 20 × 15 bis 25 × 15 cm (Bund-, Stückware).
Düngung (g/m^2): N: 4, P_2O_5: 2, K_2O: 6.
Wasserbedarf (Niederschlag und Beregnung): Boden gleichmäßig feucht halten.
Ernte: Bei Einmalernte ganze Rosette, bei Mehrfachernte oberhalb des Vegetationspunktes lose Blätter schneiden.
Lagerung: Im Folienbeutel im Kühlschrank nur wenige Tage.
Hinweise: Auch als Topfkräuter im 9-cm-Topf mit 9–20 Pfl./Topf kultivierbar.
Sorten: 'Tatsoi'.

▲ Mizuna
Brassica rapa ssp. *nipposinica*

▲ Senf-Spinat oder Komatsuna
Brassica rapa ssp. *nipposinica* var. *chinoleifera*

▼ Blatt-Senf oder Amchoi
Brassica juncea

▼ Perilla oder Shiso
Perilla frutescens

Aubergine oder Eierfrucht
Solanum melongena (Solanaceae, Nachtschattengewächse)

Herkunft: Tropische Gebiete Hinterindiens.
Pflanze: Mehrjährig, meist einjährig kultiviert, tagneutral, strauchartiger, buschförmiger, determinierter Wuchs, 45–60 cm hoch.
Blatt: Groß oval oder oval-länglich, wollähnlich behaart.
Blüte: 2–4 cm Durchmesser, tief gelappt, gezähnter Kelch. VI–VII.
Nutzung: Früchte (bot. Beere, bis 40 cm lang, 1,2 kg schwer) als Gemüse.
Gesundheitswert: Leicht verdaulich. Verzehr nur gekocht, geschmort aufgrund von Solanin- und Bitterstoffgehalt, vitamin- und mineralstoffreich, als Diätgemüse geeignet.
Standort: Mittelschwere, tiefgründige Böden mit guter Struktur, pH-Wert 6–7.
Klima: Weinbauklima in geschützten Lagen.
Anbauzeitraum: JP ab M V ins Freiland pflanzen, ca. 4 Wochen mit Vliesbedeckung.
Aussaat: Unter Glas ab A III in Erdtöpfe. Keimung bei 20–25 °C.
Pflanzung: 2–4 Pfl./m^2, Reihenabstand 0,70–1,00 m.
Nährstoffentzug (g/10 kg Ertrag): N: 25, P: 3,5, K: 30, Mg: 1,2.
Düngung (g/m^2): N_{min}-Sollwert: 19, P_2O_5: 3, K_2O: 14, MgO: 1; 3–4 kg/m^2 Stallmist positiv.
Wasserbedarf (Niederschlag und Beregnung): Ausreichend ebenerdig mit Tropfbewässerung.
Ernte: E VII bis zu den ersten Nachtfrösten.
Lagerung: Bei 10–12 °C, mindestens 95 % rel. Luftfeuchte 10 Tage.
Hinweise: Pflanzen mit Stäben stützen. Haupttriebe mit 3–4 Früchten/Trieb kultivieren. Überschüssige und deformierte Früchte ständig ausschneiden.
Sorten: 'Madonna'. 'Mohican', Balkon-Aubergine, cremeweiße bis 20 cm lange Früchte.

Aubergine oder Eierfrucht (Treib-)
Solanum melongena (Solanaceae, Nachtschattengewächse)

Herkunft: Tropische Gebiete Hinterindiens.
Pflanze: Mehrjährig, meist einjährig kultiviert, strauchartiger, buschförmiger, determinierter Wuchs, bis 2,50 m hoch.
Blatt: Oval oder oval-länglich, wollähnlich behaart.
Blüte: 2–4 cm Durchmesser, tief gelappt, gezähnter Kelch.
Nutzung: Früchte (bot. Beere, oval, keulig, bis 40 cm lang, 1,2 kg schwer). Verzehr gekocht, geschmort.
Gesundheitswert: Vitamin- und mineralstoffreich, als Diätgemüse geeignet.
Standort: Mittelschwere, tiefgründige Böden mit guter Struktur, pH-Wert 6–7.
Klima: Lufttemperaturen tags 22–27 °C, nachts 16–18 °C, < 16 °C Wachstumsstockungen.
Anbauzeitraum: JP ab M IV ins frostfreie Gewächshaus, von M V–A VII ins Kalthaus pflanzen.
Aussaat: M II unter Glas in Aussaatplatten für Pflanzung M IV, dann in 8- bis 10-cm-Töpfe pikieren. Keimung bei 20–25 °C, in der ersten Anzuchtphase > 20 °C, nach Anwachsen tags 18 °C, nachts 16 °C.
Pflanzung: 1,4–2 Pfl./m².
Nährstoffentzug (g/10 kg Ertrag): N: 25, P: 3,5, K: 30, Mg: 1,2.
Düngung (g/m²): N_{min}-Sollwert: 18 zu Vegetationsbeginn, dann reduzieren, aber nicht unter 12, P_2O_5: 7,2, K_2O: 33, MgO: 2,2, bei Erträgen bis 9 kg/m².
Wasserbedarf (Niederschlag und Beregnung): Ausreichend mittels Tropfbewässerung.
Ernte: Ca. 20–28 Tage nach Fruchtansatz.
Lagerung: Bei 10–12 °C, mindestens 95 % rel. Luftfeuchte 10 Tage.
Hinweise: Späte Pflanzung an Stäben, frühe 2-triebige Pflanzen an Schnüren kultivieren.
Sorten: 'Madonna'.

Bärlauch
Allium ursinum (Alliaceae, Zwiebelgewächse)

Herkunft: Europa, Kleinasien, Sibirien.
Pflanze: Ausdauernd, bis 40 cm hoch, im Vergleich zum Knoblauch mit weniger Geruchsstoffen.
Blatt: Treibt ab III aus, grundständig, 15–50 cm lang, lanzettlich, gestielt.
Blüte: Sternförmig, 1,2–2,0 cm Durchmesser, gestielt, weiß, in Scheindolde. IV–V.
Nutzung: Frische Blätter als Würzkraut. Mit knoblauchartigem Geruch z. B. für Bärlauchbutter, als Salat, in Aufläufen, Suppen.
Gesundheitswert: Ätherische Öle u. a. mit Schwefelverbindungen geschmacksbestimmend; reich an Vitamin C, Eisen, Mangan, Magnesium, regt Verdauung an, günstiger Einfluss auf Leber, Galle Magen, Darm, blutdruckregulierend, blutreinigend.
Standort: Nährstoffreiche, humose, feuchte Laubwälder.
Klima: Mitteleuropäischem Klima angepasst, schattige Plätze bevorzugt.

Anbauzeitraum: Direktsaat im Herbst/Winter (Kaltkeimer). Alternativ: Zwiebeln im IX pflanzen, im nächsten Frühjahr erfolgt Austrieb mit Blüte im V, Samen werden z. B. über Ameisen verbreitet, im Folgejahr erscheinen E III/A IV Sämlinge.
Aussaat: Breitwürfig oder in Töpfe.
Pflanzung: 50 × 20 cm, 7–10 cm tief (Zwiebeloberkante mindestens 2 cm unter der Bodenoberfläche).
Ernte: E III–V, mit Erscheinen der ersten Blätter bis zur vollen Blüte voll ausgereifte Blätter schneiden.
Lagerung: Bei 2–10 °C, hoher rel. Luftfeuchte.
Hinweise: Mit Herbstzeitlose, Maiglöckchen verwechselbar.

Basilikum
Ocimum basilicum (Lamiaceae, Lippenblütler)

Herkunft: Tropische Gebiete Asiens.
Pflanze: Kälte-, frostempfindlich, in Mitteleuropa einjährig, in der Heimat mehrjährig, 30–40 cm hoch, behaart, duftend, kantige Stängel.
Blatt: Gegenständig, eiförmig-elliptisch, kurz gestielt, unregelmäßig gezähnter Rand, wellig bis blasige Blattfläche.
Blüte: Mit weißer Krone, in Scheinquirl. VI–IX.
Nutzung: Blätter als Gewürz. Frisch und getrocknet mit süßlichem, pfeffrigem Aroma, Gewürz der italienischen Küche.
Gesundheitswert: Enthält ätherische Öle und Gerbstoffe, verdauungsfördernde, harntreibende, beruhigende, appetitanregende Wirkung.
Standort: Leichte, humose, wasserdurchlässige Böden mit guter Struktur, pH-Wert 6,5–7,2.
Klima: Sonnige Lagen, <12 °C kaum Wachstum.
Anbauzeitraum: Direktsaat im Freiland ab M V. Besser: vorkultivierte JP (zeitweilig unter Vlies) pflanzen. Kulturdauer ca. 7–8 Wochen.
Aussaat: Flach, Reihenabstand 30–40 cm, 50 g Saatgut/100 m². JP-Vorkultur unter Glas ab M/E IV, 4–6 Korn/Topf (Erdpresstopf, Anzuchtpalette) aussäen, Keimung bei 18–22 °C, dann tags 20 °C, nachts 14–16 °C.
Pflanzung: 25–30 × 10–15 cm.
Nährstoffentzug (g/10 kg Ertrag): N: 30, P: 9, K: 30, Mg: 7.
Düngung (g/m²): N: 9, P_2O_5: 6, K_2O: 11, MgO: 3.
Wasserbedarf (Niederschlag und Beregnung): In Trockenperioden regelmäßig mit kleinen Gaben (5–10 mm) beregnen.
Ernte: Für Frischverbrauch ständig junge Triebe, Blätter schneiden.
Lagerung: Tiefgekühlt oder getrocknet.
Sorten: 'Genoveser'.

▲ Rotlaubiges Basilikum, Sorten 'Rubin', 'Opal': Aromatisch mit intensiv dunkelroter bzw. kräftig roter Farbe.

▼ Zitronen-Basilikum, Sorte 'Lemon': Feinblättrig, schnell wachsend mit deutlichem Zitronenaroma.

▲ Thai-Basilikum, Sorte 'Siam Queen': Mit aromatischem, asiatisch-süßlichem Duft und Geschmack, späte Blüte, rötlich grünes Laub.

▼ Strauch-Basilikum (*Ocimum* × *hybrida*), Sorte 'Magic Blue': Rotblättrig, wüchsig, hoch aromatisch, mehrjährig, dekorativ.

Basilikum (Treib-)
Ocimum basilicum (Lamiaceae, Lippenblütler)

Herkunft: Tropische Gebiete Asiens.
Pflanze: Kälte- und frostempfindlich, in Mitteleuropa einjährig, in der Heimat mehrjährig. Wuchshöhe 30–40 cm. Stängel behaart, duftend, kantig.
Blatt: Gegenständig, eiförmig-elliptisch, kurz gestielt, unregelmäßig gezähnter Rand, wellige bis blasige Blattfläche.
Blüte: Lippenblüte mit weißer Krone, in Scheinquirl. VI–IX.
Nutzung: Blätter als universelles Küchengewürz mit süßlichem, pfeffrigem Aroma.
Gesundheitswert: Enthält ätherische Öle, Gerbstoffe, wirken krampflösend, beruhigend, appetitanregend, harntreibend, verdauungsfördernd.
Standort: Lockeres, wasserdurchlässiges Substrat mit guter Struktur, pH-Wert 6,5–7,2.
Klima: Temperaturen tags 18–22 °C, nachts 16–18 °C, bei direkter Strahlung >22–24 °C lüften.

Anbauzeitraum: Im beheizten Gewächshaus bis zu 8 Sätze/Jahr.
Aussaat: JP-Anzucht unter Glas in Erdpresstöpfen, Anzuchtpaletten mit 4–6 Korn/Topf. Keimung bei 18–22 °C in 8–10 Tagen. Bei Kultur im 9-cm-Topf 20g/1000 Töpfe aussäen.
Pflanzung: Rund 30 Pfl./m^2, 25–30 × 10–15 cm; bei Topfkultur 16–20 Töpfe/m^2.
Nährstoffentzug (g/10 kg Ertrag): N: 30, P: 9, K: 30, Mg: 7.
Düngung (g/m^2): N: 9, P$_2$O$_5$: 6, K$_2$O: 11, MgO: 3.
Wasserbedarf (Niederschlag und Beregnung): Regelmäßig kleine Gaben (5–10 mm).
Ernte: Ganzjährig.
Lagerung: Tiefgekühlt, getrocknet.
Hinweise: Im Sommer mit Vliesbedeckung vor dem Austrocknen schützen.
Sorten: 'Siam Queen', 'Cinnamon', 'Großes Grünes Genoveser'.

Beifuß
Artemisia vulgaris (Asteraceae, Korbblütler)

Herkunft: Wild wachsend in Europa, vom Mittelmeergebiet bis nach Skandinavien.
Pflanze: Ausdauernde Staude, 0,90–1,50 m hoch, ästiger mehrköpfiger Wurzelstock ohne Ausläufer, überwinternde Blattrosette. Stängel krautig, flaumig behaart, rötlich angelaufen, reich verzweigt.
Blatt: Rosettenblätter kurz gestielt, breit gefiedert; Stängelblätter sitzend, untere doppelt, mittlere und obere einfach gefiedert, oberseits kahl, dunkelgrün, unterseits weißfilzig behaart.
Blüte: Röhrenblüte, länglich-oval, kurz gestielt, filzig behaart, in verzweigten Rispen. VI–IX.
Nutzung: Blattlose Blütenrispen als Würzkraut. Frisch oder getrocknet mit würzig-bitterem Geschmack u. a. zu Schweinebraten.
Gesundheitswert: Enthält ätherische Öle, Bitter- und Gerbstoffe, regt Appetit und Verdauung an.

Standort: Trockene, kalkhaltige Böden an Wegrändern, Hecken, Uferböschungen, Schuttplätzen.
Klima: Mitteleuropäischem Klima angepasst.
Anbauzeitraum: Direktsaat ab V. Vorkultivierte JP im III/IV pflanzen.
Aussaat: 30 g Saatgut/100 m^2.
Pflanzung: 40 × 50 cm, 5 Pfl./m^2.
Düngung (g/m^2): Stickstoff liebend.
Ernte: Nur Rispe mit den geschlossenen Blütenknospen ernten, bündeln, trocknen, Blätter abzupfen, da zu bitter.
Lagerung: Blütenknospen trocken und luftig.

Bohne: Busch-Bohne
Phaseolus vulgaris var. *nanus* (Fabaceae, Schmetterlingsblütler)

Herkunft: Mittel- und Südamerika.
Pflanze: Einjährig, frostempfindlich, 30–60 cm hoch, mit bis 30 cm langen Seitenwurzeln mit in Knöllchen lebenden N-bindenden Knöllchenbakterien.
Blatt: Dreizählig, aus Achseln Seitentriebe hervorgehend.
Blüte: Blütenkrone 1–2 cm lang. VI–IX.
Nutzung: Hülsen (flach, rund, sortenabhängig gelb, grün, blau bis schwarz, 5–25 cm lang) als Gemüse. Unreif geerntete Hülsen, reife Samen als Gemüsebeilage, für Salate, Suppen, mit typischem Bohnengeschmack. Für Rohgenuss ungeeignet.
Gesundheitswert: Hoher Mineralstoff- (Kalium-), Vitamin-, Ballaststoffgehalt, wirkt harntreibend, blutzucker-, cholesterinsenkend, reich an sog. Lignanen (wirken krebsbekämpfend).
Standort: Alle Böden geeignet, günstig sind tiefgründige, sandige Lehme, pH-Wert >6.
Klima: Windgeschützt, günstig 18–25 °C; <12 °C Blütenabwurf, <5 °C Stoffwechselstörungen.
Anbauzeitraum: Direktsaat 20. IV unter Vlies, M V–M VII ins Freiland.
Aussaat: 25–32 Pfl./m^2, 40–50 × 6–8 cm, 2–3 cm tief; Keimung ab 12 °C.
Nährstoffentzug (g/10 kg Ertrag): N: 25, P: 4, K: 25, Mg: 2,5.
Düngung (g/m^2): N_{min}-Sollwert: 11, P_2O_5: 1, K_2O: 2,4, MgO: 0,3, chloridarme Dünger vorziehen.
Wasserbedarf (Niederschlag und Beregnung): 200–400 mm. Höchster Bedarf nach Hauptblüte und zur Fruchtausbildung.
Ernte: M VII–X, in 2–3 Handernten/Satz.
Lagerung: Bei 4–5 °C, 95 % rel. Luftfeuchte bis 14 Tage.
Hinweise: Mindestens 3-jährige Anbaupause.
Sorten: 'Berggold', 'Hildora': gelbhülsig.

Bohne: Dicke Bohne oder Puff-Bohne
Vicia faba var. *faba* (Fabaceae, Schmetterlingsblütler)

Herkunft: Mitteleuropa, Nordafrika.
Pflanze: Einjährig mit kräftiger, vierkantiger, über 0,80 m hoher Sprossachse.
Blatt: Gefiedert, verstreut um Sprossachse, Nebenblätter am Blattgrund.
Blüte: 3–11 an kurz gestielten achselständigen Trauben, ab V bei frühen Pflanzungen.
Nutzung: Hülsen (innen samtartig, elliptisch bis zylindrisch, 10–20 cm lang, 1,5–2,5 cm breit, mit 3–4 bzw. 4–6 Samen) als Gemüse. Verzehr der jungen, unausgereiften, gekochten Samen z. B. mit Schweinefleisch, vollreife Samen in Eintöpfe.
Gesundheitswert: Hoher Eiweiß-, Mineralstoff- (Kalium-, Eisen-, Phosphor-), Lysin- und beachtlicher Vitamin-C-Gehalt.
Standort: Mittlere bis schwere Böden mit gutem Wasserhaltevermögen, pH-Wert 7.
Klima: Maritimes Klima optimal.
Anbauzeitraum: JP ab A III pflanzen. Direktsaat an frostfreien Tagen ab M II möglich.

Aussaat: Direkt 15–20 Pfl./m^2, 8–10 cm tief. Ab II in Handkisten, 8 × 4 cm (JP-Vorkultur).
Pflanzung: 50 × 15–20 cm, 10–13 Pfl./m^2.
Nährstoffentzug (g/10 kg Ertrag): N: 80, P: 7, K: 29, Mg: 2,4.
Düngung (g/m^2): Bei Hülsenabfuhr N_{min}-Sollwert: 9, P_2O_5: 1, K_2O: 2, MgO: 0,3. Zum Start meist nur 5 g N/m^2 erforderlich.
Wasserbedarf (Niederschlag und Beregnung): 400–600 mm. Während und nach der Blüte in Trockenperioden beregnen.
Ernte: Ab M VI, ohne Verfrühung ab M VII.
Lagerung: Von Hand geerntete Hülsen bei 0–1 °C, 95 % rel. Luftfeuchte 10–14 Tage, aus Hülsen gelöste Samen nur einige Stunden.
Sorten: 'Frühe Weißkeimige'.

Bohne: Feuer-Bohne
Phaseolus coccineus (Fabaceae, Schmetterlingsblütler)

Herkunft: Vermutlich subtropische Gebirgslagen Zentralamerikas.

Pflanze: In gemäßigter Zone einjährig, in mildem Klima ohne Frost zweijährig, 2–5 m hoch, linkswindend.

Blatt: Dreiteilig, Oberseite stark, Unterseite schwach behaart.

Blüte: Rot, weiß blühende Sorten, 2,5–3,0 cm lang, in Trauben, Fremdbefruchter.

Nutzung: Hülsen (fleischig, 10–15 cm lang, leicht gebogen) als Gemüse. Junge Hülsen mit typischem Bohnengeschmack, als Schnittbohnen.

Gesundheitswert: Eiweiß-, mineralstoff-, vitaminreich, wertbestimmende Inhaltsstoffe siehe Stangen- bzw. Busch-Bohne.

Standort: Alle Böden geeignet, günstig sind humushaltige Lößlehme, pH-Wert 6–7.

Klima: Auch in kühleren Lagen bei Tagesmitteltemperaturen von 13,5–15,0 °C kultivierbar.

Anbauzeitraum: Direktsaat A/M V (ratsam erst ab M/E V) ins Freiland. Alternativ vorkultivierte JP ab M/E V pflanzen.

Aussaat: 1,00–1,50 × 0,50–0,60 m, Tiefe 3–4 cm; 5–6 Samen/Ablagestelle.

Düngung (g/m^2): Wie Stangen-Bohne, N_{min}-Sollwert: 14, P_2O_5: 2, K_2O: 8, MgO: 1, zur Saat und zu Beginn der Blüte.

Wasserbedarf (Niederschlag und Beregnung): Je nach Einstrahlung 170–200 mm, höchster Bedarf ab Blühbeginn E VI/A VII.

Ernte: Ab E VI/A VII.

Lagerung: Getrocknete Bohnen unbegrenzt haltbar.

Hinweise: Anbau auch als Mauer-, Dachbegrünung.

Sorten: Rot blühend: 'Rotblühende', 'Butler', weiß blühend: 'Weiße Riesen'.

Bohne: Lima- oder Mond-Bohne
Phaseolus lunatus (Fabaceae, Schmetterlingsblütler)

Herkunft: Wahrscheinlich Mittel- (Mexiko, Guatemala) und Südamerika (Peru).
Pflanze: Im sub-, tropischen Klima ausdauernd, im gemäßigten einjährig, buschige bzw. windende (bis 4 m hohe) Formen.
Blatt: Kleiner als bei Gartenbohnen, wachsüberzogen, dreiteilig.
Blüte: In Trauben, weiß- bis gelblich. VII–VIII.
Nutzung: Hülsen (bis 12 cm lang, 3 cm breit, mondsichelartig mit 3–5 Samen) als Gemüse.
Gesundheitswert: Reife, getrocknete Bohnen mit hohem Eiweiß-, Kohlenhydrat- und bemerkenswert hohem Eisengehalt, unreife Bohnen mit hohem Eisen-, Vitamin-A- und C-Gehalt; leichter verdaulich als Gartenbohne.
Standort: Alle Böden, pH-Wert 6–7.
Klima: Warmes Klima mit durchschnittlich 21 °C, zur Blüte 16 °C, 80 % rel. Luftfeuchte, hohe Bodenfeuchte günstig.

Anbauzeitraum: Direktaussaat ab M V unter Vlies. Besser: vorkultivierte JP verwenden.
Aussaat: Buschig wachsende Sorten 70–90 × 15–20 cm (Einzelkornablage), windende Sorten 90–120 × 15–20 cm; für Pflanzung M V Saatgut M–E IV aussäen.
Pflanzung: Abstände siehe Aussaat, 6–7 Pfl./m^2.
Düngung (g/m^2): Geringer Nährstoffbedarf.
Wasserbedarf (Niederschlag und Beregnung): Ab Blühbeginn regelmäßige Gaben.
Ernte: Ab E VII (A VIII bei kühler Witterung).
Lagerung: Siehe Busch- bzw. Stangen-Bohne.
Hinweise: 4-jährige Anbaupause einhalten. Stützgerüste für windende Sorten erforderlich.

Bohne: Mungbohne
Vigna radiata var. *radiata* (Fabaceae, Schmetterlingsblütler)

Herkunft: Umstritten, vermutlich u. a. Indien.
Pflanze: Einjährig, aufrechter, verzweigter Wuchs, 0,50–1,30 m hoch, dicht behaart.
Blatt: Ei- bis rautenförmig.
Blüte: Gelb. VII–VIII.
Nutzung: Hülsen (6–12 cm lang, 5–6 mm breit, grünlich oder bräunlich, mit 10–15 Samen) als Gemüse. Verzehr ausgereifter oder angekeimter Samen, Hülsen, Keimlinge, Sprosse. Reife Samen gekocht als Suppe, gemahlen zu Mehl für Nudelwaren, Keimlinge für asiatische Küche.
Gesundheitswert: Hoher Eiweiß- und Kohlenhydratgehalt bei getrockneten Bohnen, Keimlinge mit höherem Gehalt an Vitamin C und wesentlich geringerem Energiewert.
Standort: Mittlerer bis schwerer, humusreicher Boden.
Klima: Tropisch, subtropisch, bei uns in wärmebegünstigten Lagen (Weinbauklima).
Anbauzeitraum: Vorkultivierte JP ab M V unter Vlies oder Folie ins Freiland pflanzen. Direktsaat möglich.
Aussaat: 25–50 cm Reihenabstand, 3–4 cm tief, zur Keimung mindestens 10–12 °C.
Pflanzung: 30×40 cm, 8 Pfl./m^2.
Düngung (g/m^2): Mittlerer Nährstoffbedarf.
Wasserbedarf: (Niederschlag und Beregnung): Höchster Bedarf nach Hauptblüte und zur Fruchtausbildung, bei Trockenheit beregnen.
Ernte: Ca. 3,5–4 Monate nach Aussaat, ab A/M IX.
Lagerung: Keimlinge sind bei 5 °C, 60 % rel. Luftfeuchte maximal 3–4 Tage, Trockenbohnen unbegrenzt haltbar.
Hinweise: Anbau im Gewächshaus möglich. Keimsprossenanzucht: Saatgut 12 Stunden in lauwarmem Wasser (22–25 °C) vorquellen. Bei Lufttemperaturen von 22–25 °C, 90–100 % rel. Luftfeuchte entwickeln sich in 4–5 Tagen 5–6 cm lange Keimlinge.

Bohne: Sojabohne
Glycine max (Fabaceae, Schmetterlingsblütler)

Herkunft: China.
Pflanze: Einjährig, behaart, 25–90 cm lang, Stängel verzweigt, windend.
Blatt: 3- bis 5-teilig, unpaarig gefiedert.
Blüte: 5 mm lang, bläulich violett, in Trauben. VII–VIII.
Nutzung: Hülsen (schwertförmig, 4–8 cm lang, mit 2–5 kugeligen oder abgeflachten Samen) als Gemüse. Verzehr unreifer (wie Erbsen zubereitet) und reifer Bohnen (wie dicke Bohnen), Keimsprosse (pikant, nussartig schmeckend).
Gesundheitswert: Mit konzentriertem Mineralstoff-, Vitamin-, Pflanzeneiweißgehalt, reife Samen mit hohem Eiweiß-, Mineralstoff-, Fettgehalt; senkt Blutcholesterinspiegel, schränkt Blutgerinnselbildung ein, senkt Infarktentstehung.
Standort: Leicht erwärmbare, tiefgründige Böden, pH-Wert 6–6,5.
Klima: Geschützte sonnige Lagen.

Anbauzeitraum: Direktsaat unter Vlies oder Folie 20. IV bis 10. V.
Aussaat: 50–70 Pfl./m^2, 4–5 cm tief.
Nährstoffentzug (g/10 kg Ertrag): Siehe Busch- bzw. Stangen-Bohne.
Düngung (g/m^2): N-Startdüngung von 4–5 g, P$_2$O$_5$: 1, K$_2$O: 3, MgO: 0,5.
Wasserbedarf (Niederschlag und Beregnung): Wassergaben in Blüh- und Hülsenfüllungsperiode.
Ernte: Als grüne Bohne ab VIII.
Lagerung: Grünreife Hülsen bei 10 °C, 95 % rel. Luftfeuchte einige Tage, Trockenbohnen unbegrenzt.
Hinweise: Keimsprossenanzucht: 12-stündiges Vorquellen der trockenen Bohnen im Wasser. Bei 16–18 °C, mit periodischer Befeuchtung erfolgt im Dunklen Keimung nach 5–7 Tagen. 3–6 cm lange Keimlinge ernten.

Bohne: Spargel- oder Spaghettibohne
Vigna unguiculata ssp. *sesquipedalis* (Fabaceae, Schmetterlingsblütler)

Herkunft: Wahrscheinlich Südostasien.
Pflanze: Einjährig, buschartig oder kletternd mit windenden Ranken (an Stangen, Drähten). Höhe 2,50–3,00 m, wärmebedürftig.
Blatt: Dreigeteilt, in Achseln.
Blüte: An 4–6 cm langen Stielen, weiß, hellgelb oder violett. VI–VIII.
Nutzung: Blätter, Hülsen (30–50 cm lang, im tropischen Klima 60–90 cm, Durchmesser 0,80–1,10 cm, cremefarben, hell- oder dunkelgrün) als Gemüse. Verzehr der jungen wie Spinat zubereiteten Blätter, keimenden Samen als Keimsprossen, Samen als Trockenbohnen (in den Erzeugerländern), jungen nicht ausgereiften Hülsen, die wie Gartenbohnen zubereitet werden, angenehm süß, mild schmeckend.
Gesundheitswert: Mittlerer Mineralstoff- und Vitamingehalt.
Standort: Mittlere Böden mit hohem Humusgehalt, Lößböden, pH-Wert 5–7,5.
Klima: Warme, geschützte Lagen; im Gewächshaus: tags 21 °C, nachts nicht unter 18 °C.
Anbauzeitraum: Direktsaat im Freiland ab M V. Besser: im Gewächshaus von E III–E IV vorkultivierte JP pflanzen.
Aussaat: M III–M IV, 8–10 cm Töpfe. Keimung bei 20–24 °C in 3–4 Tagen.
Pflanzung: 1,3–2,0 Pfl./m^2.
Nährstoffentzug (g/10 kg Ertrag): Siehe Busch- bzw. Stangen-Bohne.
Düngung (g/m^2): Siehe Stangen-Bohne N$_{min}$-Sollwert: 14, P$_2$O$_5$: 2, K$_2$O: 8, MgO: 1.
Wasserbedarf (Niederschlag und Beregnung): Regelmäßig bewässern.
Ernte: Ca. 6–8 Tage nach der Blüte.
Lagerung: Hülsen bei 5–7 °C 6–10 Tage, getrocknete Samen unbeschränkt.
Hinweise: Bei 20 cm Wuchshöhe anhäufeln. 2- bis 3-jährige Anbaupause einhalten.

Bohne: Stangen-Bohne
Phaseolus vulgaris var. *vulgaris* (Fabaceae, Schmetterlingsblütler)

Herkunft: Mittel- und Südamerika.

Pflanze: Einjährig, ungestutzt/entspitzt 2–4 m hoch, linkswindend, bis 30 cm lange Seitenwurzeln mit N-bindenden Knöllchenbakterien.

Blatt: Dreizählig, aus Achseln gehen Seitentriebe hervor.

Nutzung: Hülsen (flach, rund, oval, sortenabhängig gelb, grün oder blau, 5–25 cm lang) als Gemüse. Unreif geerntete Hülsen, reife Samen mit typischem Bohnengeschmack, gekocht als Gemüsebeilage, für Salate, Suppen. Für Rohgenuss ungeeignet.

Gesundheitswert: Hoher Mineralstoff- (Kalium-), Vitamingehalt, reich an Ballaststoffen; wirkt harntreibend, blutzucker-, cholesterinsenkend, gilt als antikarzinogen.

Standort: Alle Böden (außer extrem verdichtete oder staunasse) geeignet, tiefgründige, sandige Lehme optimal, pH-Wert >6.

Klima: Sonnige windgeschützte Lagen.

Anbauzeitraum: Direktsaat M IV unter Vlies, M V–A VII ins Freiland.

Aussaat: 10–12 Pfl./m², 2,2 Saatstellen/m², z. B. 150 × 30 cm, 5–6 Samen/Saatstelle, 2–3 cm tief. Keimung ab 12 °C.

Nährstoffentzug (g/10 kg Ertrag): N: 25, P: 4, K: 25, Mg: 2,5.

Düngung (g/m²): N_{min}-Sollwert: 14, P_2O_5: 2, K_2O: 8, MgO: 1. Chloridarme Dünger verwenden.

Wasserbedarf (Niederschlag und Beregnung): Höherer Bedarf als Busch-Bohne.

Ernte: Ab A VII in 5–6 Erntegängen/Satz.

Lagerung: Bei 5–7 °C 6–10 Tage.

Hinweise: Aufleitgerüst notwendig.

Sorten: 'Markant': grünhülsig, 'Neckargold': mit gelber, ovaler Hülse.

Bohne: Stangen-Bohne (Treib-)
Phaseolus vulgaris var. *vulgaris* (Fabaceae, Schmetterlingsblütler)

Herkunft: Mittel- und Südamerika.
Pflanze: Einjährig, 2–4 m hoch, linkswindend, mit N-bindenden Knöllchenbakterien.
Blatt: Dreizählig.
Nutzung: Hülsen (flach, rund, oval, sortenabhängig gelb, grün oder blau, 5–25 cm lang) als Gemüsebeilage, in Suppen und für Salate. Nur gekocht genießen!
Gesundheitswert: Inhaltsstoffe siehe Stangen-Bohne (S. 34); harntreibend, blutzucker-, cholesterinsenkend, gilt als antikarzinogen.
Standort: Mittelschwerer bis schwerer, tiefgründiger, lockerer, humusreicher Boden.
Klima: Nach Pflanzung 20/18 °C, später 18/14 °C und niedriger, von IV–V ab 22–24 °C lüften, später bei 20 °C, rel. Luftfeuchte 60–80 %.
Anbauzeitraum: Vorkultivierte JP A II ins Warmhaus, ab A V ins temperierte Haus, 5. V bis E VI ins Kalthaus. Ab M III Direktsaat möglich.
Aussaat: Direkt mit 2 Korn/Saatstelle. E I für Pflanzung M III in 9- bis 10-cm-Töpfe, 2–3 Samen/Topf (später auf 2 reduzieren), 3–4 cm tief. Keimung bei 20–24 °C in 4 Tagen.
Pflanzung: 6 Pfl./m^2, z. B. 100 × 33 cm.
Nährstoffentzug (g/10 kg Ertrag): N: 25, P: 4, K: 25, Mg: 2,5.
Düngung (g/m^2): N_{min}-Sollwert: 14, P_2O_5: 2, K_2O: 8, MgO: 1.
Wasserbedarf (Niederschlag und Beregnung): Höher als Busch-Bohne, anfangs über Düsen, dann ebenerdig über Tropfbewässerung.
Ernte: 4–5 Wochen nach dem Pflanzen.
Lagerung: Bei 5–7 °C ca. 6–10 Tage.
Hinweise: Aufleiten notwendig.
Sorten: 'Markant', 'Neckargold'.

Bohnenkraut: Einjähriges oder Sommer-Bohnenkraut
Satureja hortensis (Lamiaceae, Lippenblütler)

Herkunft: Mittelmeergebiet.
Pflanze: Einjährig, 30–50 cm hoch, Stängel verzweigt, unten verholzend.
Blatt: Gegenständig, lineal-lanzettlich, an der Basis stielartig verschmälert, oben zugespitzt, ganzrandig.
Blüte: Zu fünft in Blattachseln, kurz gestielt, klein, weißlich bis violettfarben. VII–IX.
Nutzung: Triebe als Würzkraut, aromatisch-würzig riechendes, etwas scharf schmeckendes Gewürz für Suppen, Salate, Pilz-, Fleischgerichte mit Hülsenfrüchten.
Gesundheitswert: Enthält ätherische Öle, Gerbstoffe, wirkt magenstärkend, appetitanregend, verdauungsfördernd.
Standort: Leichte, lockere Böden, pH-Wert 5,7–7,2.
Klima: Sonnige, warme Lagen.
Anbauzeitraum: Direktsaat im Freiland A IV (zeitweilig unter Vlies), Ernte ab A V. Alternativ: M V vorkultivierte JP pflanzen.
Aussaat: Flach, 1,0–1,5 cm tief, 45 cm Reihenabstand, 8–10 g Saatgut/10 m^2 (direkt). JP-Anzucht unter Glas: 5–7 Korn/4- bis 5-cm-Topf.
Pflanzung: 25 × 25 cm, 16 Pfl./m^2.
Nährstoffentzug (g/10 kg Ertrag): N: 32, P: 5,7, K: 43, Mg: 5.
Düngung (g/m^2): N: 14,5 (mehrere Gaben), P$_2$O$_5$: 6, K$_2$O: 23, MgO: 4.
Wasserbedarf (Niederschlag und Beregnung): Gering, nur bei anhaltender Trockenheit beregnen.
Ernte: Laufend, beste Würzkraft zu Beginn der Blüte, Triebe 8–10 cm über dem Boden schneiden.
Lagerung: Getrocknet, gefroren.
Hinweise: 4-jährigen Fruchtwechsel einhalten.
Sorten: 'Einjähriges Blatt', 'Aromata'.

Bohnenkraut: Mehrjähriges oder Winter-Bohnenkraut
Satureja montana ssp. *montana* (Lamiaceae, Lippenblütler)

Herkunft: Südeuropa bis Ukraine und Türkei.
Pflanze: 25–40 cm hoher Halbstrauch. Kraut wächst mehr in die Breite. Stängel verholzt ganz.
Blatt: Gegenständig, lineal-lanzettlich, an der Basis stielartig verschmälert, oben zugespitzt, ganzrandig.
Blüte: Zu fünft in Blattachseln, kurz gestielt, klein, weißlich bis violettfarben. IX.
Nutzung: Als Würzkraut. Aromatisch-würzig riechendes, etwas scharf schmeckendes Küchengewürz (herber als das einjährige) für Suppen, Salate, Pilzgerichte, Eintöpfe mit Hülsenfrüchten.
Gesundheitswert: Enthält ätherische Öle (Carvacol, Thymol, Cymol) und Gerbstoffe, fördert Verdauung, wirkt magenstärkend, appetitanregend.
Standort: Leichte, lockere, gut erwärmbare Böden, pH-Wert 5,7–7,2.
Klima: Warme Lagen bevorzugt.
Anbauzeitraum: Direktsaat im Freiland ab V, auch im VIII möglich, mehrjährig nutzbar.
Aussaat: Flach, 1,0–1,5 cm tief, 40–50 cm Reihenabstand.
Pflanzung: 8–12 Pfl./m^2, 40–50 cm Reihenabstand.
Nährstoffentzug (g/10 kg Ertrag): N: 32, P: 5,7, K: 43, Mg: 5.
Düngung (g/m^2): N: 14,5 (in mehreren Gaben, mit 4 g nach jedem Schnitt), P_2O_5: 6, K_2O: 23, MgO: 4.
Wasserbedarf (Niederschlag und Beregnung): Gering, bei anhaltender Trockenheit beregnen.
Ernte: VI–IX, beste Würzkraft zu Beginn der Blüte. Triebe 8–10 cm über dem Boden schneiden.
Lagerung: Getrocknet, gefroren.
Hinweise: 4-jährigen Fruchtwechsel einhalten.

Borretsch oder Gurkenkraut
Borago officinalis (Boraginaceae, Raublattgewächse)

Herkunft: Mittelmeerraum.
Pflanze: Einjährig, frostempfindlich, 40–80 cm hoch, mit starren, auf Knötchen sitzenden, abstehenden Borstenhaaren, Insektenpflanze.
Blatt: Zunächst grundständig, dann wechselständig, kurz gestielt, elliptisch bis eiförmig, ganzrandig oder etwas ausgebuchtet, beidseits behaart.
Blüte: Im Doppelwickel, azurblau, weiß. V–IX.
Nutzung: Junge Blätter als Gewürz, mit gurkenähnlichem Geschmack, für Salate, Fleisch-, Fisch-, Pilzgerichte, Soßen („Grüne Soße"), als Gemüse mit Spinat gekocht; Blüten essbar, zur Dekoration.
Gesundheitswert: Mineralstoffreich.
Standort: Kalkhaltige, sandige Lehmböden, pH-Wert 6,5–7,5.
Klima: Vollsonnige Lagen.
Anbauzeitraum: Direktsaat E IV–E VII.
Aussaat: 12–16 Pfl./m^2, 25–40 × 15–25 cm, 2 cm tief, 2–3 g Saatgut/m^2.
Nährstoffentzug (g/10 kg Ertrag): N: 15, P: 2,2, K: 37, Mg: 2.
Düngung (g/m^2): N: 10,5, P$_2$O$_5$: 4, K$_2$O: 31, MgO: 2, geringe Düngegabe nach gut gedüngten Vorfrüchten.
Wasserbedarf (Niederschlag und Beregnung): In Trockenperioden beregnen.
Ernte: Ca. 4 Wochen nach der Aussaat, Triebspitzen, Blätter mehrmals pflücken.
Lagerung: Geschnittenes Kraut welkt schnell, daher trocknen.
Hinweise: Zur gleichen Familie gehört die blau blühende Ochsenzunge (*Anchusa officinalis*), deren Blätter, Blüten in Salaten verwendet werden.
Sorten: 'Boretsch': blau und weiß blühend.

Brennnessel: Große Brennnessel
Urtica dioica ssp. *dioica* (Urticaceae, Brennnesselgewächse)

Herkunft: Europa, Nord-, Mittel-, Ostasien.
Pflanze: Ausdauernde Staude, 0,60–1,50 m hoch, verzweigter, flach kriechender Wurzelstock, blatthaltiger, vierkantiger Stängel, gesamte Pflanze mit Brennhaaren besetzt (enthalten u. a. Nesselgiftstoff).
Blatt: Gegenständig, gestielt, eiförmig, am Grund herzförmig, grob gesägt.
Blüte: Winzig, weißgrau bis hellgrün in Rispen. VI–IX.
Nutzung: Blätter als Gemüse. Junge Blätter als Salat; Triebe, Blätter wie Spinat zubereitet, für Frischsaft, Tee.
Gesundheitswert: Vitamin-C-, mineralstoffreich, mit Gerbstoffen, Serotonin, Histamin, als Tee bei Harnwegserkrankungen.
Standort: Humose, kalkhaltige, nährstoffreiche, gut dränierte Böden.
Klima: Europäischem Klima sehr gut angepasst, Wachstum bei Temperaturen von 5–35 °C, 15–23 °C optimal.
Anbauzeitraum: Vorkultivierte JP oder Ausläufer im IV oder Herbst pflanzen. Direktsaat ab E IV/A V möglich. Kultur mehrjährig nutzbar.
Aussaat: Für JP-Vorkultur 6–8 Körner/4- bis 5-cm-Topf, 25–30 °C tags, 20 °C nachts.
Pflanzung: 35 × 12 bis 30 × 15 cm, 20–25 Pfl./m^2.
Düngung (g/m^2): Im mehrjährigen Anbau abhängig von Bodenvorräten 30–40 g N/m^2.
Wasserbedarf (Niederschlag und Beregnung): In Trockenperioden fördern Wassergaben das Wachstum.
Ernte: Von VI–IX Blätter, junge Triebe, Wurzeln ernten, von VI–VII für die Teegewinnung blühende Pflanzen einige Zentimeter über dem Boden schneiden.
Lagerung: Getrocknet möglich.
Hinweise: Brennnesselgemüse wie Spinat nicht wieder aufwärmen!

Brennnessel: Kleine Brennnessel
Urtica urens (Urticaceae, Brennnesselgewächse)

Herkunft: Gemäßigtes Europa und Asien.
Pflanze: Einjährig, 20–50 cm hoch, einhäusig. Etwas höhere Wärmeansprüche als Große Brennnessel.
Blatt: Gegenständig, kleiner als bei der Großen Brennnessel, eiförmig bis elliptisch, eingeschnitten gesägt, lang gestielt, untere mit Brennhaaren besetzte Blätter sind kürzer als ihr Stiel.
Blüte: Zweigeschlechtig, in kleinen grünen Rispen. V–VII.
Nutzung: Blätter, Triebe als Gemüse. Junge Blätter für Salate; Triebe, Blätter wie Spinat zubereitet, Frischsaft.
Gesundheitswert: Reich an Vitamin C und Mineralstoffen, z. B. Eisen, Calcium, u. a. zur Heilung von Harnwegserkrankungen.
Standort: Humose, kalkhaltige, nährstoffreiche, gut dränierte Böden.
Klima: Europäischem Klima sehr gut angepasst.
Anbauzeitraum: Direktsaat im IV, V mit zeitweiliger Vlies- bzw. Folienbedeckung. Aussaat auch im Herbst möglich.
Aussaat: 25–30 cm Reihenabstand, 0,5–1,5 cm tief, 0,5–1,0 g Saatgut/m^2.
Düngung (g/m^2): Meist nicht erforderlich.
Wasserbedarf (Niederschlag und Beregnung): In Trockenperioden fördern Wassergaben das Wachstum.
Ernte: Pflanze bei einer Höhe von 15–25 cm schneiden, im Feldanbau 4 Schnitte möglich. Topfkulturen sind ab 10 cm Höhe verkaufsfertig.
Lagerung: Geschnittene Blätter welken schnell, für Lagerung ungeeignet.
Hinweise: Brennnesselgemüse nicht wieder aufwärmen!

Cardy
Cynara cardunculus (Asteraceae, Korbblütler)

Herkunft: Südeuropäisches und nordafrikanisches Mittelmeergebiet.

Pflanze: Ausgangsform der Artischocke, ausdauernd, bedingt winterhart, wärmebedürftig, 1,00–1,60 m hoch, als Gemüsepflanze ein-, als Samen-, Zierpflanze zweijährig.

Blatt: In Rosette, lang gestielt, geschlitzt, graugrün bis silberweiß, oft stachelig mit fleischigem Stiel.

Blüte: Ab 2. Jahr. Im Vergleich zur Artischocke sind die Blütenköpfe kleiner, ohne fleischigen Blütenboden. VIII–IX.

Nutzung: Gebleichte Stiele als Gemüse mit bitterem, leicht nussartigem Geschmack, vorgegart als Salat, gekocht wie Sellerie als Beilage zu Fleischgerichten.

Gesundheitswert: Wirkt verdauungsfördernd, regt Gallentätigkeit an.

Standort: Mittelschwere, tiefgründige, humose, nährstoffreiche Böden, pH-Wert 6–7,2.

Klima: Nach Ende der Vegetationsperiode mit organischem Material bedecken bzw. Ballen ausgraben, frostfrei überwintern.

Anbauzeitraum: Vorkultivierte JP ab M V pflanzen. Direktsaat in Mitteleuropa unüblich.

Pflanzung: 100×60–75 cm, 1–2 Pfl./m^2.

Düngung (g/m^2): N: 8, P$_2$O$_5$: 6, K$_2$O: 10, MgO: 2, N in 2–3 Gaben, 5–6 g Stallmist/m^2 (siehe Artischocke).

Wasserbedarf (Niederschlag und Beregnung): Hoch, während der Vegetationsperiode reichlich wässern.

Ernte: Blattstiele M/E IX schneiden.

Lagerung: Nur wenige Tage bei 2–4 °C, 90–95 % rel. Luftfeuchte.

Hinweise: Zum Bleichen ca. 2 Wochen vor Ernte Blätter zusammenbinden und z. B. mit Mulchfolie umhüllen.

Chicorée (Treib-)
Cichorium intybus var. *foliosum* (Asteraceae, Korbblütler)

Herkunft: Eurosibirien, Nordafrika, Vorderasien.
Pflanze: Zweijährige Halbrosettenpflanze. Hauptwurzel ist Sprossrübe. Im 2. Jahr Bildung eines knospenähnlichen Sprosses, aus dem später Blütenspross wächst.
Blatt: Grundständig, löwenzahnähnlich.
Blüte: An gestreckter Achse, im Körbchen. Kälteeinwirkung von V–M VI führt bereits im 1. Jahr zum Schossen.
Nutzung: Auf den Wurzeln getriebene Sprosse als zartbitteres Koch-, Salatgemüse.
Gesundheitswert: Gehalt an Vitamin C und Provitamin A bedeutsam.
Standort: Leichte bis mittelschwere, tiefgründige, siebfähige, steinfreie Böden, pH-Wert 6,5–7.
Klima: Mitteleuropäischem Klima angepasst.
Anbauzeitraum: Direktsaat M–E IV unter Folie, M V–M(E) VI ohne Bedeckung ins Freiland.

Aussaat: 30–40 Korn/m², Reihenabstand 30–40 cm, 1,0–1,5 cm tief.
Nährstoffentzug (g/10 kg Ertrag): N: 25, P: 5,3, K: 45, Mg: 4.
Düngung (g/m²): N_{min}-Sollwert: 6–7, P_2O_5: 5, K_2O: 24, MgO: 3, weitere Gaben in Treibphase.
Wasserbedarf (Niederschlag und Beregnung): Bei Bedarf 3 × 20 mm ab Beginn der Kopfbildung.
Ernte: Wurzelernte ab IX mit anschließender Treibphase, danach die auf den Wurzeln getriebenen Sprosse ernten.
Lagerung: Bei 1 °C, > 95 % rel. Luftfeuchte bis 2 Wochen.
Hinweise: Nach Wurzelernte folgt erst Kühlphase (ca. 8–10 Tage) mit –1 bis 1 °C, 97 % rel. Luftfeuchte, dann Treibphase (18–24 Tage) in Grundbeeten oder als Wassertreiberei.

Dill, Garten-
Anethum graveolens var. *hortorum* (Apiaceae, Doldenblütler)

Herkunft: Vorderasien, Südeuropa.
Pflanze: Einjährig, in vegetativer Phase 15–45 cm, in generativer 0,80–1,30 m hoch.
Blatt: Linealisch, mehrfach gefiedert, Stängel wechselständig umwachsend, obere Blätter enden in fädigen Spitzen.
Blüte: Zwittrig, dottergelb, in bis 20 cm großen, flach gewölbten Doppeldolden. VI–IX.
Nutzung: Fädige Blattspitzen, Dolden als Gewürz. Dillspitzen frisch, getrocknet, tiefgefroren, gefriergetrocknet zu Salaten, Soßen, Konserven, Essenzen; Dillblätter, Dolden als Gewürz für Einlegegurken.
Gesundheitswert: Durch ätherische Öle typischer Geschmack, regt Magenfunktion und Verdauung an, Samen gegen Blähungen, Magenkrämpfe, Durchfall, Erbrechen.
Standort: Mittelschwere, humusreiche, feucht-warme Böden.
Klima: Im europäischen Klima überall anbaubar, mittlere Temperaturansprüche.
Anbauzeitraum: Direktsaat M IV unter Folie, M V–A IX ins Freiland.
Aussaat: Reihenabstand für Dillspitzen: 12–25 cm (in der Reihe 1,1 cm); Dillkraut: 25–30 cm; Blütendill: 25–35 cm; Saattiefe: 2–3 cm.
Nährstoffentzug (g/10 kg Ertrag): N: 30, P: 4, K: 50, Mg: 2.
Düngung (g/m^2): N_{min}-Sollwert: 12, P_2O_5: 3, K_2O: 18, MgO: 1.
Wasserbedarf (Niederschlag und Beregnung): Regelmäßige Wasserversorgung.
Ernte: Ab ca. M VI bis zum Frosteintritt 15–25 cm lange Dillspitzen, für Gewürzgurken bei Blühbeginn 40–60 cm langes Dillkraut ernten.
Lagerung: Bei −1 bis 0 °C im PE-Folienbeutel, rel. Luftfeuchte >95 %.
Hinweise: Anbaupause von 4 Jahren.
Sorten: 'Tetra', 'Blattreicher'.

Dill, Garten- (Treib-)
Anethum graveolens var. *hortorum* (Apiaceae, Doldenblütler)

Herkunft: Vorderasien, Südeuropa.
Pflanze: Einjährig, in vegetativer Phase 15–45 cm hoch.
Blatt: Linealisch, mehrfach gefiedert, den Stängel wechselständig umwachsend, obere Blätter enden in fädigen Spitzen.
Blüte: Zwittrig, dottergelb, in bis zu 20 cm großen, flach gewölbten Doppeldolden. VI–IX.
Nutzung: Blätter, Dolden als Gewürz. Sog. Dillspitzen mit typischem Geschmack vielseitig verwendbar, u. a. frisch, getrocknet zu Salaten; Dillblätter, Dolden für Einlegegurken.
Gesundheitswert: Enthält ätherische Öle, regt Magenfunktion, Verdauung an, Samen gegen Blähungen, Magenkrämpfe, Durchfall, Erbrechen.
Standort: Mittelschwere, feucht-warme Böden mit hohem Humusanteil.
Klima: Nach Auflaufen 12–15 °C, nachts 8–10 °C, >20 °C lüften.

Anbauzeitraum: Direktsaat A I und ab A IX ins temperierte Haus, A III ins frostfreie Haus (Ernte ab A V), ab M IV ins Kalthaus mit Ernte ab A VI.
Aussaat: Direkt mit 10–12 cm Reihenabstand; als Topfkultur 15–20 Samenkörner/9-cm-Topf, 2–3 cm tief, bei 16 °C Keimung in 9 Tagen.
Nährstoffentzug (g/10 kg Ertrag): N: 30, P: 4, K: 50, Mg: 2.
Düngung (g/m^2): N_{min}-Sollwert: 12, P_2O_5: 3, K_2O: 18, MgO: 1.
Wasserbedarf (Niederschlag und Beregnung): Kontinuierliche Wasserversorgung positiv.
Ernte: Im Winter nach ca. 80 Tagen, im Sommer nach 35 Tagen.
Lagerung: Bei −1 bis 0 °C im PE-Folienbeutel, <95 % rel. Luftfeuchte.
Sorten: 'Fernleaf': 25–30 cm hoch.

Eberraute
Artemisia abrotanum (Asteraceae, Korbblütler)

Herkunft: Vorderasien, wild wachsend in Südeuropa.
Pflanze: Ausdauernd, 80–100 cm hoher Halbstrauch, Wurzelstock stark verästelt, Stängel aufrecht, oben rispenartig verzweigt.
Blatt: Schmal, fein drüsig punktiert, gefiedert, obere Blätter dreispaltig bis ungeteilt, kahle Oberseite, grau behaarte Unterseite.
Blüte: Blassgelbe, kugelige Blütenköpfe bilden beblätterte Traube. VII–X.
Nutzung: Blätter, junge Triebspitzen als Würzkraut. Mit zitronenähnlichem, aromatischem Geruch, zu Braten, fettem Fleisch und Soßen.
Gesundheitswert: Enthält ätherische Öle, Bitter-, Gerbstoffe, Abrotamin (Alkaloid), wirkt magenstärkend, verdauungsfördernd.
Standort: Kalkhaltige, humose Böden.
Klima: Sonnige, geschützte Lagen.
Anbauzeitraum: Im Frühjahr Teilung der älteren Stöcke, im Sommer von den Triebspitzen Stecklinge schneiden. Pflanzen mehrjährig nutzen.
Pflanzung: 40 × 30 cm, 8 Pfl./m^2.
Düngung (g/m^2): Verrotteter Kompost (5 l/m^2) oder Mineraldünger.
Ernte: Junge Triebe, Blätter im VII und VIII schneiden.
Lagerung: Frisch verwenden oder in Bündeln an luftigem Ort trocknen.
Hinweise: Unkraut entfernen. Pflanzen vor starken Winterfrösten schützen.

Eiskraut
Mesembryanthemum crystallinum (Aizoaceae, Eiskrautgewächse)

Herkunft: Küstengebiete Südafrikas.
Pflanze: Im tropischen, subtropischen Klima zwei- und mehrjährig, in Mitteleuropa einjährig, niedrig wachsend, kriechend. Name aufgrund der Salzausscheidungen an Blättern und Stielen. Frostempfindlich, wärmeliebend.
Blatt: Gegen- und wechselständig, 7–12 cm lang, sukkulent (=wasserspeichernd), 1 mm dick, fleischig, schwach verholzte Achse.
Blüte: Endständig, unscheinbar, klein, vielstrahlig. VIII–IX.
Nutzung: Blätter als Koch-, Salatgemüse, wie Spinat zubereitet; mit leicht salzig-säuerlichem Geschmack.
Gesundheitswert: Enthält organische Säuren, Arzneipflanze in Südafrika.
Standort: Lockere, humusreiche Böden mit guter Wasserhaltekraft, pH-Wert 6–7,5.
Klima: Anbau unter Glas, im Freiland unter Folien-, Vliesbedeckung.
Anbauzeitraum: Direktsaat unter Folie oder Vlies ab A–M V. Pflanzung vorkultivierter JP möglich. Anbau ab M IV im Kalthaus, ab II im beheizten Haus.
Aussaat: Siehe Pflanzung.
Pflanzung: 25–45 × 15–25 cm, 15–16 Pfl./m^2.
Nährstoffentzug (g/10 kg Ertrag): N: 20, P: 3, K: 30, Mg: 4 (siehe Neuseeländer Spinat).
Düngung (g/m^2): N_{min}-Sollwert: 10, P_2O_5: 2, K_2O: 11, MgO: 2.
Wasserbedarf (Niederschlag und Beregnung): M VI–E VIII bei Trockenheit drei- bis viermal 10–15 mm.
Ernte: Bei V-Aussaaten bzw. Pflanzungen ab A VII–X 6–10 cm lange Triebspitzen im Abstand von 1–3 Wochen schneiden bzw. pflücken.
Lagerung: Kühl, feucht maximal 1–2 Tage.
Hinweise: Auch als Zierpflanze geeignet.

Endivie: Breitblättrige Endivie
Cichorium endivia var. *latifolium* (Asteraceae, Korbblütler)

Herkunft: Östlicher Mittelmeerraum.

Pflanze: Einjährige Langtagpflanze, Pfahlwurzel reicht bis 1,50 m in den Boden.

Blatt: Breit, gewellt, ganzrandig, fast glatt, ziemlich derb mit breiten, dicken Rippen, grundständig, Blätter bilden halbgeschlossenen Kopf mit gelbem Herz.

Blüte: In Körbchen angeordnet, blau.

Nutzung: Blätter als Salatgemüse.

Gesundheitswert: Typischer bitterer Geschmack durch Intybin, wirkt appetitanregend, verdauungsfördernd.

Standort: Mittelschwere, humusreiche, durchlässige Böden mit guter Struktur und Wasserführung, pH-Wert 6–7.

Klima: Maritimes Klima günstig, früh- und spätfrostgefährdete Lagen meiden.

Anbauzeitraum: Vorkultivierte JP ab A III unter Vlies und Folie, A IV–A VI unter Vlies, M VI–M VIII ohne Bedeckung ins Freiland pflanzen. Direktsaat von M VI–M VII.

Aussaat: M II unter Glas für Pflanzung A/M III in 4-cm-Presstöpfe. Keimung bei 21–25 °C, nach Auflaufen 20 °C, dann 15–18 °C.

Pflanzung: 8–11 Pfl./m², 30 × 30 cm (Frühjahr), 40 × 30 cm (Sommer/Herbst).

Nährstoffentzug (g/10 kg Ertrag): N: 20, P: 2,6, K: 46, Mg: 1,8.

Düngung (g/m²): N_{min}-Sollwert: 19, P_2O_5: 4, K_2O: 33, MgO: 2.

Wasserbedarf (Niederschlag und Beregnung): Bis 200 mm. Wassergaben zum Anwachsen, später während der Kopfbildung.

Ernte: Ab A V, ca. 60 Tage nach der Pflanzung.

Lagerung: 2–3 Tage bei 0–8 °C, 90–95 % rel. Luftfeuchte; ungeputzt bei 0–1 °C, 90–95 % rel. Luftfeuchte bis 10 Tage.

Endivie: Krause oder Frisée-Endivie
Cichorium endivia var. *crispum* (Asteraceae, Korbblütler)

Herkunft: Östlicher Mittelmeerraum.
Pflanze: Einjährige Langtagpflanze. Pfahlwurzel wächst bis 1,50 m in den Boden.
Blatt: Geschlitzt, kraus, ziemlich derb, grundständig, in Kopfmitte sortenabhängig grün oder gelb.
Blüte: In Körbchen angeordnet, blau.
Nutzung: Blätter als Salatgemüse.
Gesundheitswert: Typisch bitterer Geschmack durch Intybin; wirkt appetitanregend, verdauungsfördernd.
Standort: Mittelschwere, humusreiche, durchlässige Böden mit guter Struktur und Wasserführung (sandige Lehm- und Lößlehmböden), pH-Wert 6–7.
Klima: Maritimes Klima günstig, früh- und spätfrostgefährdete Lagen meiden.
Anbauzeitraum: Vorkultivierte JP ab M III unter Vlies und Folie, A IV–A VI unter Vlies, M VI–M VIII ohne Bedeckung ins Freiland pflanzen. Direktsaat von M VI–M VII.

Aussaat: M II unter Glas für Pflanzung A/M III in 4-cm-Presstöpfe. Keimung bei 21–25 °C, nach Auflaufen 20 °C, dann 15–18 °C.
Pflanzung: 8–11 Pfl./m^2, 30 × 30 cm (Frühjahr), 40 × 30 cm (Sommer/Herbst).
Nährstoffentzug (g/10 kg Ertrag): N: 20, P: 2,6, K: 46, Mg: 1,8.
Düngung (g/m^2): N_{min}-Sollwert: 15, P_2O_5: 4, K_2O: 33, MgO: 2.
Wasserbedarf (Niederschlag und Beregnung): Bis 200 mm. Zum Anwachsen und während der Kopfbildung beregnen.
Ernte: Ab M V, im Frühjahr ca. 60 Tage, im Sommer ca. 45 Tage nach Pflanzung.
Lagerung: Bei 0–1 °C, >96 % rel. Luftfeuchte.

Erbse: Kichererbse
Cicer arietinum (Fabaceae, Schmetterlingsblütler)

Herkunft: Nur als Kulturform bekannt, früheste Nachweise aus Kleinasien, Mittelmeerländern.

Pflanze: Einjährig, 40–50 cm hoch, aufrecht buschig.

Blatt: Unpaarig gefiedert, gezähnte Fieder.

Blüte: Weiß, rot oder bläulich. VI–VII.

Nutzung: Samen als Keimlingsgemüse. Hülsenfrüchte (Hülsen: aufgeblasen, ein- bis dreisamig, zuckererbsengroß, dünnschalig) grün oder reif als Gemüse mit ähnlichen Eigenschaften, Verwendung wie Trockenerbsen. Nach Vorweichen gekocht für Suppen, Breie; zu Mehl verarbeitet, trocken, geschält, geröstet; nussartig aromatisch.

Gesundheitswert: Reich an Proteinen.

Standort: Nicht staunässegefährdete Böden, pH-Wert 5,5–8,6.

Klima: Optimale Lufttemperaturen 18–26 °C, wärmebegünstigte Lagen (Weinbauklima) bevorzugt.

Anbauzeitraum: Direktsaat im Freiland A V, unter Vlies M V. Vorkultivierte JP bringen frühere und sichere Ernten.

Aussaat: Direkt mit 30–40 cm × 15–25 cm, 3–4 cm tief, vereinzeln auf 12–18 Pfl./m^2; E IV für JP-Anzucht in 4- bis 6-cm-Töpfen, 3–4 Korn/Topf bei 20–22 °C.

Pflanzung: 30 × 15 bis 40 × 25 cm, 10–20 Töpfe/m^2.

Düngung (g/m^2): N: 3–4, P$_2$O$_5$: 4–5, K$_2$O: 7–10, in Abhängigkeit vom Bodenvorrat.

Wasserbedarf (Niederschlag und Beregnung): Gering, nur in extremen Trockenjahren beregnen.

Ernte: Unreife Hülsen, Samen ab M–E VIII.

Lagerung: Getrocknet über längeren Zeitraum haltbar.

Hinweise: 4- bis 5-jährige Anbaupause einhalten.

Erbse: Mark-Erbse
Pisum sativum convar. *medullare* (Fabaceae, Schmetterlingsblütler)

Herkunft: Östlicher Mittelmeerraum bis Tibet und Indien.

Pflanze: Einjährig, krautartig, relativ frostempfindlich, sortenabhängig 0,50 bis > 1,20 m hoch. Stängel rund, innen hohl. Pfahlwurzel reicht bis 1,20 m tief in den Boden, Seitenwurzeln mit N-bindenden Bakterien.

Blatt: Zwei- bis dreipaarig gefiedert, rund bis eiförmig, ganzrandig.

Blüte: In Trauben, weißlich, rosa- oder purpurfarben. V–VI.

Nutzung: Samen (glattschalig, oft größer, dunkler als bei Pal-Erbsen, in Hülsen) als Gemüse. Ausgepalte gekochte Erbsen allein oder als Mischgemüse mit pikant, süßlichem Geschmack.

Gesundheitswert: Reich an hochwertigem Eiweiß, Vitamin B, gilt als cholesterinsenkend, antikarzinogen.

Standort: (Sandige) Lehmböden, die sich früh erwärmen, gut feucht bleiben.

Klima: Ausgeglichenes Klima, 12–20 °C optimal.

Anbauzeitraum: Direktsaat A/M III–V.

Aussaat: Reihenabstand 12–25 cm, 5 cm tief, je nach TKG 80 Korn/m^2.

Nährstoffentzug (g/10 kg Ertrag): N: 100, P: 10, K: 30, Mg: 3,5.

Düngung (g/m^2): N_{min}-Sollwert: 9, P_2O_5: 1,4, K_2O: 2,2, MgO: 0,3. Auf ausreichende Mn-, Mo-Versorgung achten.

Wasserbedarf (Niederschlag und Beregnung): 200–400 mm, 20–30 mm/Gabe.

Ernte: E V–X, 1 maschinelle Ernte für Industrie, für Frischmarkt 2–5 Ernten.

Lagerung: Handgepflückte Erbsen rasch auf 0 °C kühlen, bei −1 bis 0,5 °C, > 95 % rel. Luftfeuchte maximal 1–2 Wochen. Zum Einfrieren, Einkochen geeignet.

Sorten: 'Evita': sehr früh, 'Novelia': mittelfrüh.

Erbse: Schal- oder Pal-Erbse
Pisum sativum **convar.** *sativum* (Fabaceae, Schmetterlingsblütler)

Herkunft: Vorderasien.
Pflanze: Einjährig, krautig, relativ frostempfindlich, sortenabhängig 0,20 bis >1,30 m hoch. Stängel rund, manchmal längs verwachsen, innen hohl.
Blatt: Zwei- bis dreipaarig gefiedert, kann eiförmig, verkehrt eiförmig, breit eiförmig oder länglich sein, ganzrandig.
Blüte: In Trauben, weißlich, rosa- oder purpurfarben. V–VI.
Nutzung: Junge, unreif geerntete Erbsen (glattschalig in Hülsen) als Gemüse. Verzehr der ausgepalten gekochten Erbsen pur oder als Mischgemüse zubereitet. Hauptnutzung als Dosenware, weniger süß im Geschmack.
Gesundheitswert: Reich an hochwertigem Eiweiß, Vitamin B, getrocknete Erbsen sind energiereicher als frische.
Standort: Sandige Lehmböden, die sich früh erwärmen, gut feucht bleiben, pH-Wert 6,5–7,5. Staunässe vermeiden!

Klima: Ausgeglichenes Klima, bis zur Blüte warm (>15 °C), zur Reife 12–20 °C.
Anbauzeitraum: Direktsaat A/M III–V.
Aussaat: Reihenabstand 12–25 cm, 5 cm tief, je nach TKG 80 Korn/m².
Nährstoffentzug (g/10 kg Ertrag): N: 100, P: 10, K: 30, Mg: 3,5.
Düngung (g/m²): N_{min}-Sollwert: 9, P_2O_5: 1,4, K_2O: 2,2, MgO: 0,3. Auf ausreichende Mn-, Mo-Versorgung achten.
Wasserbedarf (Niederschlag und Beregnung): 200–400 mm, 20–30 mm/Gabe.
Ernte: E V–X in 2–5 Ernten (Frischmarkt, Hausgarten), 1 maschinelle Ernte für Industrie.
Lagerung: Handgepflückte Erbsen rasch herunter kühlen. Bei −1 bis 0,5 °C, >95 % rel. Luftfeuchte maximal 1–2 Wochen. Zum Trocknen geeignet.
Sorten: 'Kleine Rheinländerin', 'Blauschokker'.

Erbse: Zucker-Erbse
Pisum sativum convar. *axiphium* (Fabaceae, Schmetterlingsblütler)

Herkunft: Vorderasien.

Pflanze: Einjährig, krautartig, sortenabhängig 0,25 bis >1,20 m hoch. Stängel rund, manchmal längs verwachsen, innen hohl.

Blatt: Zwei- bis dreipaarig gefiedert, kann eiförmig, verkehrt eiförmig, breit eiförmig oder länglich sein, ganzrandig.

Blüte: In Trauben, weißlich, rosa- oder purpurfarben. V–VI.

Nutzung: Erbsen mit Hülsen (ohne Pergamentschicht, daher zart) als Gemüse. Pur oder als Mischgemüse zubereitet, pikant, süßlicher Geschmack.

Gesundheitswert: Enthält Zucker (Glucose, Fructose, Saccharose), organische Säuren (ausgeglichenes Äpfelsäure-Zitronensäure-Verhältnis), reich an hochwertigem Eiweiß, Vitamin B, gilt als cholesterinsenkend, antikarzinogen.

Standort: Sandige Lehmböden, die sich früh erwärmen, gut feucht bleiben.

Klima: Ausgeglichenes Klima, 12–20 °C optimal.

Anbauzeitraum: Direktsaat A III–M VII.

Aussaat: Reihenabstand: 12–25 cm, 5 cm tief, je nach TKG 80 Korn/m^2.

Nährstoffentzug (g/10 kg Ertrag): N: 100, P: 10, K: 30, Mg: 3,5.

Düngung (g/m^2): N_{min}-Sollwert: 9, P_2O_5: 1,4, K_2O: 2,2, MgO: 0,3. Auf ausreichende Mn-, B-, Cu-, Mo-Versorgung achten.

Wasserbedarf (Niederschlag und Beregnung): 200–400 mm, mit 20–30 mm/Gabe beregnen.

Ernte: Bei frühen Sorten mit Bedeckung ab M V, sonst von E V–X, 2–5 Ernten.

Lagerung: Handgepflückte Erbsen rasch kühlen, bei −1 bis 0,5 °C, >95 % rel. Luftfeuchte maximal 1–2 Wochen.

Hinweise: Auf kleinen Flächen in Doppelreihen am Draht kultivieren.

Sorten: 'Norli': früh.

Erdbeerspinat
Chenopodium foliosum (Chenopodiaceae, Gänsefußgewächse)

Herkunft: In Südeuropa und im Orient beheimatet.
Pflanze: Einjährig, selten zweijährig, 35–80 cm hoch, stielrunde, aufrechte Stängel mit rutenförmig, bis zur Spitze beblätterten Ästen.
Blatt: Kurz gestielt, dreieckig; mittlere Blätter länglich-rautenförmig.
Blüte: Scheinähre aus kugeligem Blütenknäuel. Früchte leuchtend rot, maulbeerartig.
Nutzung: Blätter als Gemüse. Wie Spinat zubereitet, in Gemüsesuppen, roh für Salate, Früchte zur Dekoration.
Gesundheitswert: Vitamin-, Mineralstoffgehalt vermutlich wie Spinat, mehr Zier- als Ernährungswert.
Standort: Alle Böden geeignet, außer extrem kalte, verdichtete oder zu Staunässe neigende; sandige, humose Lehme positiv.
Klima: Warme, vollsonnige Lagen bevorzugt.

Anbauzeitraum: Direktsaat von III–VII. Alternativ: vorkultivierte JP pflanzen.
Aussaat: 25–35 × 8–15 cm, 2–3 cm tief.
Düngung (g/m²): Kein hoher Nährstoffbedarf, keine Düngung erforderlich.
Wasserbedarf (Niederschlag und Beregnung): Bei Trockenheit beregnen.
Ernte: Ca. 3 Monate nach Aussaat bis zur Blüte junge Blätter (wesentlich kleiner als bei Spinat) pflücken.
Lagerung: Nur kurzzeitig bei 0 bis 1 °C, 95 % rel. Luftfeuchte.
Hinweise: Ähriger Erdbeerspinat (*Chenopodium capitatum*): einjährig, 30–60 cm hoch, mit aufrechtem, wenig ästigem Stängel mit gestielten, meist schwach buchtig-gezähnten Blättern ebenso als Gemüse- und Zierpflanze nutzbar.

Erdnuss
Arachis hypogaea (Fabaceae, Schmetterlingsblütler)

Herkunft: Südamerika.
Pflanze: Einjährig, verzweigt sich am Grunde, wächst liegend-kriechend oder aufrecht.
Blatt: Wechselständig, an bis zu 5 cm langem Stiel, zweipaarig gefiedert, leicht behaart, eiförmig.
Blüte: In Achseln der Blätter, Nebenblätter 3–7 im Blütenstand, davon öffnen sich 1–2/Tag und blühen in wenigen Stunden ab.
Nutzung: Samen (2–5 ovale Samen, umgeben von einer dünnen Haut in 3–6 cm langer, brauner bis strohgelber, hartfaseriger Frucht, Entwicklung 5–10 cm unter der Bodenoberfläche). Verwendung des aus den Samen gewonnenen Öls, der Samen, geröstet, oft gesalzen, als Erdnussbutter.
Gesundheitswert: Wertvoll durch Eiweiß-, Fett-, Vitamin-B-, Vitamin-E-, hohe Lysingehalte; Erdnüsse anfällig für Schimmelpilz, der das Leberkrebs verursachende Aflatoxin enthält.

Standort: Lockerer, gut dränierter, sandig-lehmiger Boden, pH-Wert 6,0–7,5.
Klima: 25–30 °C, ausgeglichene Tag-/Nachttemperaturen optimal.
Anbauzeitraum: Direktsaat ab A/M V unter Folie oder Vlies. Alternativ: vorkultivierte JP ab M V unter Vlies pflanzen.
Aussaat: Direktsaat 35–70 × 8–25 cm, 4–5 cm tief. JP-Anzucht bei 23–26 °C, Aussaat 10.–15. IV für Pflanzung M V.
Pflanzung: 35–70 × 8–25 cm, 11–18 Pfl./m^2.
Düngung (g/m^2): N: 2–3, P$_2$O$_5$: 6–8, K$_2$O: 4–6. Nicht erforderlich, wenn Kultur reichlich gedüngten Vorfrüchten folgt.
Wasserbedarf (Niederschlag und Beregnung): Bei Trockenheit ab Blühbeginn und während Fruchtentwicklung beregnen.
Lagerung: Bei 4–5 °C, maximal 75 % rel. Luftfeuchte bis zu 5 Jahre.

Estragon
Artemisia dracunculus (Asteraceae, Korbblütler)

Herkunft: Süd-, Mittelasien.
Pflanze: Ausdauernd, sortenabhängig 0,60–1,50 m hoch. Stängel krautig, aufrecht, buschig verzweigt.
Blatt: Wechselständig, linealisch, ungeteilt. Die untersten Blätter sind an der Spitze dreispaltig.
Blüte: Kugelförmig in Rispen, gelb bis weißlich grün. VI–VII.
Nutzung: Als Würzkraut. Für Fisch, Fleisch, Soßen, zum Einlegen von Gurken; würziger, pikanter Geschmack.
Gesundheitswert: Enthält ätherische Öle (geschmacksbildend), Bitter-, Gerbstoffe, Wachse, kalium-, eisenreich, wirkt appetit- und stoffwechselanregend, fördert Magensaftbildung, Verdauung, wirkt harntreibend.
Standort: Lockere, humusreiche Böden mit gutem Wasserspeichervermögen, pH-Wert 6,2.
Klima: Windgeschützte Lagen bevorzugt.

Anbauzeitraum: JP deutscher, französischer Sorten IV/V pflanzen; ein- oder mehrjährig.
Aussaat: 'Russischer Estragon' direkt III/IV, 0,50 cm tief.
Pflanzung: 40–50 × 30–40 cm, 7–8 Pfl./m^2.
Nährstoffentzug (g/10 kg Ertrag): N: 60, P: 7,4, K: 74, Mg: 3.
Düngung (g/m^2): N: 5–7 als Grunddüngung, 3–4 nach jedem Schnitt, P$_2$O$_5$: 3, K$_2$O: 13, MgO: 0,8.
Wasserbedarf (Niederschlag und Beregnung): Bei Bedarf nach jedem Schnitt beregnen.
Ernte: 1. Schnitt im VIII (einjährige Kultur) bis 3 Schnitte/Jahr (mehrjährige Kultur). Im Garten laufend junge Triebe ernten.
Lagerung: Getrocknet.
Hinweise: 'Deutscher Estragon', 'Französischer Estragon' werden durch Kopfstecklinge vermehrt.
Sorten: 'Russischer Estragon', 'Französischer Estragon', 'Deutscher Estragon'.

Feldsalat
Valerianella locusta (Valerianaceae, Baldriangewächse)

Herkunft: Mittelmeerraum, wildwachsend in Europa, Nordafrika, Asien.
Pflanze: Einjähriger Flachwurzler, weitgehend frosthart.
Blatt: Grundständig, klein, am Grund länglich-spatelförmig, im oberen Teil lanzettähnlich breit.
Blüte: Blauweiß, unscheinbar an 40 cm hohem verzweigtem Stängel. Ab IV.
Nutzung: Blätter roh als Salat, gedünstet als Gemüse. Mit nussartigem Geschmack.
Gesundheitswert: Im Vergleich zu Kopfsalat u. a. höhere Eisen-, Carotin-, Vitamin-C-Gehalte.
Standort: Mittelschwere, unkrautarme Böden, pH-Wert 6–7,5.
Klima: Wachstum noch bei 5–10 °C, längere Barfröste mindern Blattqualität.
Anbauzeitraum: Direktsaat M III unter Vlies, A IV–E VIII ins Freiland, für Überwinterung E IX–A X, Pflanzung vorkultivierter JP möglich.

Aussaat: Direkt mit 10–15 cm Reihenabstand, 0,75–1,00 g Saatgut (kalibriertes)/m^2, 0,5–1,0 cm tief. Keimung bei 18–20 °C in 7, bei 5–10 °C in 21 Tagen. Bei JP-Vorkultur in 3,5- bis 4,0-cm-Topf mit 6–8 Korn/Topf aussäen.
Pflanzung: 80–130 Töpfe/m^2, Reihenabstand 10–15 cm.
Nährstoffentzug (g/10 kg Ertrag): N: 45, P: 4,3, K: 54, Mg: 4,3.
Düngung (g/m^2): N_{min}-Sollwert: 8,5, P_2O_5: 0,7, K_2O: 5, MgO: 0,5.
Wasserbedarf (Niederschlag und Beregnung): Sehr gering. Boden während der Keimung feucht halten. Beregnen, wenn er oberflächlich auszutrocknen beginnt.
Ernte: Ab A/M V ganze Pflanze schneiden.
Lagerung: Bei 0 °C, 95 % rel. Luftfeuchte ca. 14 Tage.
Sorten: 'Vit': kleine Blattrosette, 'Holländischer Breitblättriger': große Blattrosette.

Feldsalat (Treib-)
Valerianella locusta (Valerianaceae, Baldriangewächse)

Herkunft: Mittelmeerraum.
Pflanze: Einjähriger Flachwurzler, weitgehend frosthart.
Blatt: Grundständig, klein, am Grund länglich-spatelförmig, im oberen Teil lanzettähnlich breit.
Blüte: Blauweiß, unscheinbar an 40 cm hohem verzweigtem Stängel. Ab IV.
Nutzung: Blätter roh als Salat, gedünstet als Gemüse. Mit nussartigem Geschmack.
Gesundheitswert: Im Vergleich zu Kopfsalat u.a. höhere Eisen-, Carotin-, Trockensubstanz-, Vitamin-C-Gehalte.
Standort: Alle in Kultur stehenden Gewächshausböden geeignet.
Klima: Zum Pflanzen/Keimen (1–2 Tage) 15 °C, dann 10 °C (tags), 5 °C (nachts), lüften (lichtabhängig) > 15 bzw. 18–20 °C.
Anbauzeitraum: Direktsaat A IX ins Kalthaus, A X–A II ins frostfreie Haus, bis M II ins Kalthaus. Alternativ: vorkultivierte JP setzen.
Aussaat: Direkt mit 800–1200 Korn/m^2, Reihenabstand 7–10 cm, 0,5–1,0 cm tief. Bei JP-Anzucht im 3- bis 4-cm-Topf mit 6 Korn/Topf aussäen.
Pflanzung: 90–130 Töpfe/m^2, hoch pflanzen.
Nährstoffentzug (g/10 kg Ertrag): N: 45, P: 4,3, K: 54, Mg: 4,3.
Düngung (g/m^2): N_{min}-Sollwert: 8,5, P_2O_5: 0,7, K_2O: 5, MgO: 0,5.
Wasserbedarf (Niederschlag und Beregnung): Kleine Einzelgaben (5–10 l/m^2) bis Pflanzen angewachsen sind.
Ernte: Ab A XI ganze Pflanze schneiden.
Lagerung: Bei 0 °C, 95 % rel. Luftfeuchte ca. 14 Tage.
Sorten: 'Gala': für den Ganzjahresanbau, 'Holländischer Breitblättriger'.

Fenchel: Gemüse- oder Knollen-Fenchel
Foeniculum vulgare ssp. *vulgare* var. *azoricum* (Apiaceae, Doldenblütler)

Herkunft: Mittelmeergebiet, Vorderasien.
Pflanze: Einjährig kultiviert, 50–80 cm hoch, mit Pfahlwurzel, oberirdischer Zwiebelbildung (sog. Knolle). Im 2. Jahr wird Pflanze 1,20–1,60 m hoch.
Blatt: An glatten Stielen fein gegliedert, dem Garten-Dill ähnlich, fleischiger Blattstiel.
Blüte: Im 2. Jahr, große, bis zu 12 cm breite, sattgelbe Blütendolden.
Nutzung: Grundblattscheiden als Gemüse. Roh, gekocht, schmackhaft, als Diätkost.
Gesundheitswert: Leicht verdaulich, reich an Vitamin C, E, Carotin, Mineralstoffen (Kalium, Magnesium, Eisen); ätherische Öle geschmacksbildend, wirkt positiv auf Schleimhäute, Atmungsorgane, Nervensystem.
Standort: Tiefgründige, kalkhaltige, sandige Lehmböden, pH-Wert 5–6,8.
Klima: Optimal sind mittlere Lufttemperaturen von 15–18 °C, Wachstumsstockungen < 7 und > 25 °C möglich, geschützte Lagen.
Anbauzeitraum: JP ab M IV (unter Vlies), 10. V bis 10. VIII ins Freiland setzen.
Aussaat: Ab A III in Kisten, 1,5–2,0 cm tief, dann pikieren bzw. direkt in 4-cm-Topf. Keimung bei 20–22 °C, dann 15–16 °C.
Pflanzung: 10–13 Pfl./m^2, z. B. 30 × 30 cm.
Nährstoffentzug (g/10 kg Ertrag): N: 20, P: 3, K: 40, Mg: 2.
Düngung (g/m^2): N_{min}-Sollwert: 20, P_2O_5: 2,4, K_2O: 17, MgO: 1,2.
Wasserbedarf (Niederschlag und Beregnung): Bei Bedarf fünf- bis sechsmal 15 mm.
Ernte: Ab A VII–M X.
Lagerung: Bei 0–1 °C, 95 % rel. Luftfeuchte 4–6 Wochen.
Hinweise: Anbaupause von 4–5 Jahren einhalten.
Sorten: 'Selma', 'Zefa Fino'.

Fenchel: Gewürz-Fenchel
Foeniculum vulgare ssp. *vulgare* var. *dulce* (Apiaceae, Doldenblütler)

Herkunft: Mittelmeergebiet, westliches Asien.
Pflanze: Ausdauernd, meist einjährig kultiviert, rübenförmige Pfahlwurzel.
Blatt: Fadenförmig gestielt, drei- bis vierfach gefiedert, untere Blätter gestielt, obere auf zusammengedrückter Blattscheide sitzend.
Blüte: Klein, sattgelb, auf 1,50 m hohem, fein gerilltem Stängel in Doppeldolde. VII–VIII.
Nutzung: Blätter, Früchte als Gewürz. Reife Früchte ganz oder gemahlen, Blätter, Stängel als Gewürz zu Fleisch-, Fischgerichten, Salaten, Suppen, Soßen, als Einlegegewürz von Gurken, mit süßlichem, anisartigem Geschmack.
Gesundheitswert: Ätherische Öle (u. a. Anethon, Fenchon) geschmacksbildend, in Tees krampf- und schleimlösend, gegen Husten, bei Magenstörungen, Blähungen.
Standort: Tiefgründige, kalkhaltige, sandige Lehmböden, pH-Wert 6,5–7,5.

Klima: Lagen mit langen, trockenen Spätsommern positiv.
Anbauzeitraum: Direktsaat im Freiland III/A IV–A/M VII. Traditionell vorkultivierte Stecklinge verwenden.
Aussaat: 20–30 Pfl./m^2, Reihenabstand 30–50 cm. Zur Stecklingsgewinnung im IV aussäen. Keimung bei 20–22 °C, dann 15–18 °C.
Pflanzung: 20×30 cm, 17 Pfl./m^2.
Düngung (g/m^2): Geringer Bedarf (Schwachzehrer).
Wasserbedarf (Niederschlag und Beregnung): Je nach Witterung fünf- bis sechsmal 15 mm.
Ernte: Laub beliebig oft, reife Früchte M–E X ernten, dreschen, trocknen.
Lagerung: Trocken.
Hinweise: Bronze-Fenchel (*Foeniculum vulgare* 'Atropurpureum') mit hohem Zierwert.
Sorten: 'Di Ferenze'.

Garten-Melde
Atriplex hortensis (Chenopodiaceae, Gänsefußgewächse)

Herkunft: Stammform in Südosteuropa, Vorderasien beheimatet.
Pflanze: Mit Spinat nah verwandt, einjährig, standortabhängig bis über 1,20 m hoch.
Blatt: Untere Blätter mehr herzförmig-dreieckig, gezähnt, obere länglich-dreieckig. Je höher die Pflanzen wachsen, umso kleiner bleiben die Blätter am Stängel.
Blüte: In Rispe, gelblich. VII–VIII.
Nutzung: Blätter, junge weiche Triebspitzen als Gemüse. Wie Spinat zubereitet, Zugabe in Suppen mit etwas herbem Geschmack.
Gesundheitswert: Bemerkenswerter Ascorbinsäuregehalt (Vitamin C), reich an hochwertigem Eiweiß.
Standort: Gut mit Wasser versorgte Lößlehm-, sandige Lehmböden, pH-Wert 6–7,4.
Klima: Angepasst, sonnige Lagen bevorzugt.
Anbauzeitraum: Direktsaat im zeitigen Frühjahr, mit Folgesaaten IV/V oder im Herbst. Alternativ vorkultivierte JP verwenden.

Aussaat: Reihenabstand 20–25 cm für Ernte bei 15–25 cm Höhe, 30–35 cm Abstand für Ernte bei 30–50 cm Höhe, 2–3 cm tief. Keimung günstig bei > 10 °C.
Nährstoffentzug (g/10 kg Ertrag): Ähnlich dem von Spinat und Mangold.
Düngung (g/m^2): N-Kopfdüngegaben von 4 g N/m^2 bei Mehrfachernte.
Wasserbedarf (Niederschlag und Beregnung): Bei Trockenheit bewässern.
Ernte: Ab ca. 8–10 Wochen nach Aussaat. Bei beginnender Blüte Triebe laufend frisch oder zum Trocknen schneiden.
Lagerung: Nur kurzzeitig lagern oder trocknen, besser frisch verwenden.

Gurke: Bittergurke (Treib-)
Momordica charantia (Cucurbitaceae, Kürbisgewächse)

Herkunft: Vermutlich Indien oder Afrika.
Pflanze: In milderem Klima perennierend, einjährig kultiviert, schnell wachsend, kriechend oder kletternd.
Blatt: Lang gestielt, schwach behaart, gefingert mit 5–7 tiefen Lappen.
Blüte: Gelb, fünfteilig, solitär, lang gestielt. VI–VIII.
Nutzung: Früchte (10–40 cm lang, 3–8 cm dick mit rauer oder kieseliger Oberfläche aus glatten Warzen), Blätter, Triebe als Gemüse. Unreife Früchte halbiert z. B. in Salzwasser gelegt, gedünstet zu Fleisch-, Fischgerichten, mit bitterem Geschmack, junge Triebe, Blätter wie Spinat zubereitet.
Gesundheitswert: Bemerkenswert hoher Vitamin-C-Gehalt, wirkt abführend.
Standort: Tiefgründige, gut dränierte, sandige Lehmböden.
Klima: Im mitteleuropäischen Klima Anbau nur unter Glas erfolgreich.

Anbauzeitraum: JP M/E II–M IV ins beheizte, A/M V–M VI ins unbeheizte Haus pflanzen.
Aussaat: Ab 25. I für Pflanzung A III in 6- bis 8-cm-Erdtopf. Keimung bei 26–27 °C.
Pflanzung: 1,3–1,7 Pfl./m^2, Reihenabstand 1,20–1,50 m.
Düngung (g/m^2): Wie andere Gurkengewächse.
Wasserbedarf (Niederschlag und Beregnung): Tagesbedarf: bis 5 l/m^2 (siehe Salatgurke).
Ernte: Ca. 7–8 Wochen nach Pflanzung, wenn Früchte 10–16 cm lang und fest sind.
Lagerung: Nicht unter 10 °C, getrennt von Obst lagern.
Hinweise: Anbaupause von mindestens 3 Jahren einhalten. Pflanzen an Spalieren oder Schnüren aufleiten. Reife, zum Verzehr ungeeignete Früchte mit hohem Zierwert.

Gurke: Einlege-Gurke
Cucumis sativus (Cucurbitaceae, Kürbisgewächse)

Herkunft: Vermutlich Indien oder Afrika.
Pflanze: Einjährig, sehr flach wurzelnd, Seitentriebe niederliegend, verzweigend kriechend, mit Ranken.
Blatt: Gestielt, ungeteilt oder handförmig gelappt, wechselständig. Blattadern treten auf der Unterseite hervor.
Blüte: Gelb, fünfteilig.
Nutzung: Früchte (bot. fleischige Beere, u. a. Größe sortenabhängig). Typ. Geschmack.
Gesundheitswert: Reich an Vitaminen, Mineralstoffen, Fruchtsäuren, mit 97% Wasser erfrischend, harntreibend.
Standort: Humusreiche, leicht erwärmbare Böden mit guter Struktur und gutem Wasserhaltevermögen, pH-Wert 6,5–7,5.
Klima: Feuchte Wärme bevorzugt, Windschutz optimal.
Anbauzeitraum: Direktsaat im Freiland ab IV (zeitweise unter Vlies). Alternativ vorkultivierte JP im IV/V pflanzen.

Aussaat: Direkt: 2,00–2,50 × 0,33 m, 3–5 Korn/Horst (=Ablagestelle). Bei JP-Anzucht 2–3 Korn/4-cm-Topf aussäen, Keimdauer 12–16 Tage.
Pflanzung: 1,2–2,2 Horste/m² (2–5 Korn/Horst).
Nährstoffentzug (g/10 kg Ertrag): N: 15, P: 3, K: 20, Mg: 1,2.
Düngung (g/m²): N_{min}-Sollwert: 19, P_2O_5: 5, K_2O: 17, MgO: 1,3.
Wasserbedarf (Niederschlag und Beregnung): 200–400 mm. Bei Trockenheit mit Beginn des Fruchtwachstums 10–12 mm/Gabe im Abstand von 7–10 Tagen.
Ernte: VI–IX, zwei- bis dreimal pro Woche.
Lagerung: Bei 10 °C 5–7 Tage.
Hinweise: Anbau auf Mulchfolie möglich. Aufleitsysteme sind unüblich. Mindestens 3- bis 4-jährige Anbaupause einhalten.
Sorten: 'Amber', 'Harmonie'.

Gurke: Einlege-Gurke (Treib-)
Cucumis sativus (Cucurbitaceae, Kürbisgewächse)

Herkunft: Vermutlich Indien oder Afrika.
Pflanze: Einjährig, sehr flach wurzelnd, Seitentriebe niederliegend, verzweigend kriechend, mit Ranken.
Blatt: Gestielt, ungeteilt oder handförmig gelappt, wechselständig. Blattadern treten auf der Unterseite hervor.
Blüte: Gelb, fünfteilig.
Nutzung: Früchte (bot. fleischige Beere, mit sortenabhängigem Gewicht, Größe). Typischer Geschmack.
Gesundheitswert: Reich an Vitaminen, Mineralstoffen, Fruchtsäuren, erfrischend, harntreibend.
Standort: Humusreiche, lockere Böden mit guter Durchlüftung, gleichmäßigem Wasser- und Nährstoffangebot, pH-Wert 6,5–7,5.
Klima: Lufttemperatur 16–30 °C, 12–16 °C noch verträglich, <10 °C Störungen im Stoffwechselablauf, Bodentemperaturen 18–28 °C.
Anbauzeitraum: JP A V ins geheizte Haus (Ernte ab 25.V), ab M V ins Kalthaus (Ernte ab A VI) pflanzen, Ernte bis A/M IX.
Aussaat: Für JP-Anzucht unter Glas in 4-cm-Presstöpfe aussäen. Keimung bei 26–27 °C.
Pflanzung: Etwa 1,8 Pfl./m^2.
Nährstoffentzug (g/10 kg Ertrag): N: 15, P: 3, K: 20, Mg: 1,2.
Düngung (g/m^2): N: 2, P$_2$O$_5$: 1, K$_2$O: 4, MgO: 0,5 pro Woche.
Wasserbedarf (Niederschlag und Beregnung): Tagesbedarf bis 5 l/m^2, Bedarf während der Kulturzeit bis 1000 l/m^2.
Ernte: Zwei- bis dreimal pro Woche.
Lagerung: Bei 10–12 °C, 90–95 % rel. Luftfeuchte 5–7 Tage. Nicht mit Obst lagern!
Hinweise: Pflanzen anbinden, aufleiten. Durch Triebschnitt Wachstum im Gleichgewicht halten. Veredeln schützt vor bodenbürtigen Krankheiten.
Sorten: 'Harmonie'.

Gurke: Salat-Gurke (Treib-)
Cucumis sativus (Cucurbitaceae, Kürbisgewächse)

Herkunft: Vermutlich Indien oder Afrika.
Pflanze: Einjährig, sehr frostempfindlich, krautig, Flachwurzler, Seitentriebe niederliegend kriechend oder mittels Ranken kletternd verzweigend.
Blatt: Gestielt, ungeteilt oder handförmig gelappt, wechselständig.
Blüte: Gelb, fünfteilig, in Blattachsen.
Nutzung: Früchte (bot. fleischige Beere, mit sortenabhängigem Gewicht, Größe). Mit typischem Geschmack, z.B. als Salat.
Gesundheitswert: Reich an Vitaminen (B_1, B_2, C), Mineralstoffen, Fruchtsäuren, energiearm, erfrischend, wirkt harntreibend.
Standort: Humusreiche, lockere Böden, gut durchlüftet. Zufuhr organischer Substanz (z.B. Stallmist) optimal, pH-Wert 6,5–7,5.
Klima: Hohe Temperaturen: tags 22–27 °C, nachts 16–18 °C.
Anbauzeitraum: JP von A III–A V ins temperierte, A VI ins kalte Haus pflanzen.

Aussaat: Ab 25.I (für Pflanzung A III) in 8- bis 10-cm-Töpfe. Keimung bei 26–27 °C.
Pflanzung: 1,3–1,6 Pfl./m^2 (2 Pfl./m^2 bei Minigurken).
Nährstoffentzug (g/10 kg Ertrag): N: 15, P: 3, K: 20, Mg: 1,2.
Düngung (g/m^2): N: 2, P_2O_5: 1, K_2O: 4, MgO: 0,5, pro Woche düngen.
Wasserbedarf (Niederschlag und Beregnung): Tagesbedarf: bis 5 l/m^2, Bedarf während der Kulturzeit bis 1000 l/m^2.
Ernte: Ab 10.IV, ca. 4 Wochen nach Pflanzung 2- bis 3-mal/Woche.
Lagerung: Bei 10–12 °C, 90–95% rel. Luftfeuchte 5–7 Tage, ungekühlt 2–3 Tage.
Hinweise: Veredeln schützt vor bodenbürtigen Krankheiten. Pflanzen anbinden, aufleiten. Schnittmaßnahmen durchführen, z.B. männliche Blüten, Fruchtansätze im unteren Bereich entfernen.
Sorten: 'Alcor', 'Aramon'.

Haferwurzel
Tragopogon porrifolius ssp. *porrifolius* (Asteraceae, Korbblütler)

Herkunft: Alte Kulturpflanze, in Südosteuropa, Nordafrika beheimatet.
Pflanze: Zweijährig.
Blatt: Grundständig, lang, schmal, linear, lanzettlich.
Blüte: Im 2. Jahr an 1,00–1,20 m hohem Blütenstand, lila bis rötlich purpurfarben. VI/VII.
Nutzung: Wurzeln (20–30 cm lang, 2,0–3,5 cm dick, innen weiß, außen braune Korkschicht, frosthart), Blätter, Schösslinge als Gemüse. Verzehr der Wurzeln wie Schwarzwurzeln, Schösslinge wie Spargel, junge Blätter als Salat, wie Spinat zubereitet.
Gesundheitswert: Keine großen Unterschiede bezüglich der Inhaltsstoffe zu Schwarzwurzeln.
Standort: Tiefgründige, lockere, nicht zu trockene Böden, pH-Wert 6,5–7,5.
Klima: Keine besonderen Ansprüche, freie, vollsonnige Lagen optimal.

Anbauzeitraum: Direktsaat E X (vor stärkeren Bodenfrösten)–E IV.
Aussaat: 25–50 × 5–10 cm, 2–3 cm tief, 40 Pfl./m².
Düngung (g/m²): Siehe Schwarzwurzel: N: 14, P_2O_5: 3,2, K_2O: 7,7, MgO: 0,8.
Wasserbedarf (Niederschlag und Beregnung): Bei Trockenheit ab A/M IV mit Beginn des Hauptwachstums beregnen.
Ernte: Ab E X, bei offenem Boden den ganzen Winter möglich. Bleiben Wurzeln im Winter im Boden, dann im Herbst Laub ca. 3 cm über dem Boden abschneiden. Pflanzen 15 cm mit z. B. Torf anhäufeln, im Frühjahr können 10–15 cm lange, gebleichte Schösslinge geerntet werden.
Lagerung: Bei 0 °C, 95–98 % rel. Luftfeuchte 2–4 Monate.
Hinweise: Nach der Blüte werden Haferwurzeln holzig, ungenießbar und als Gemüse wertlos.

Ingwer
Zingiber officinale (Zingiberaceae, Ingwergewächse)

Herkunft: Eines der ältesten Gewürze, vermutlich aus tropischen Regenwäldern Südostasiens.

Pflanze: Mehrjährig, 1,00–1,50 m hohe schilfartige Staude. Rhizome bis 14 cm lang, geweihartig geformt, knollig verdickt, gelb, faserig, überwiegend aus dünnwandigen parenchymatischen Zellen gebildet.

Blatt: Am Spross wechselständig, lang, lineal-lanzettlich, 60–150 cm lang.

Blüte: Endständig, gelb mit purpurfarbener Lippe, Blütenstand (Kolben) bis ca. 25 cm hoch. VIII–IX.

Nutzung: Rhizome (von äußeren Gewebeschichten befreit, gewaschen und getrocknet) als Gewürz. Wegen scharf-würzigem Geschmack Bestandteil vieler Gewürzmischungen (Currymischungen), u. a. für Obstsalate, Reisgerichte, Geflügelbraten.

Gesundheitswert: Enthält ätherische Öle, wirkt gegen Magen-, Darmkrankheiten.

Standort: Humose, lockere, nährstoffreiche Substrate.

Klima: Tropisches, subtropisches Klima. Bei uns als Kübelpflanze im Gewächshaus im Sommer bei 20–30 °C, im Winter bei 10–15 °C kultivieren.

Anbauzeitraum: Rhizomstücke im Herbst oder Frühjahr eintopfen.

Pflanzung: In Einzelgefäße, regelmäßig umtopfen.

Wasserbedarf (Niederschlag und Beregnung): Regelmäßig bewässern.

Ernte: Rhizomstücke im Spätsommer/Herbst ernten.

Lagerung: Getrocknet.

Sorten: Schwarzer Ingwer: ungeschält, mit Kork auf der Rinde, Weißer Ingwer: ohne Korkschicht, an der Sonne getrocknet.

Kartoffel, Speise- (Früh-)
Solanum tuberosum (Solanaceae, Nachtschattengewächse)

Herkunft: Südamerika.
Pflanze: Krautig, einjährig.
Blatt: Zusammengesetzte Fiederblätter.
Blüte: Weiß, blau, violett, endständig im Blütenstand. V–A VI.
Nutzung: Knolle (stark entwickelte Sprossverdickung zur Reservestoffspeicherung. Sog. Augen stellen Seitenknospen dar, aus denen Keime und damit Triebe neuer Pflanzen wachsen). Wichtigstes Grundnahrungsmittel, vielseitig verwendbar, z. B. Typ „festkochend" als Salz-, Brat-, Pellkartoffel, zu Salaten, Typ „mehlig kochend" für Püree, Klöße.
Gesundheitswert: Hoher Eiweiß-, Mineralstoff-, Vitamingehalt. Kein Verzehr grün gewordener Knollen, da gesundheitsschädliche Anreicherung von Solanin.
Standort: Sandig-lehmige, tiefgründige, lockere, humusreiche Böden.
Klima: Kühl-gemäßigtes Klima.
Anbauzeitraum: Vorgekeimte Knollen in Weinbaugebieten A–M III, im norddeutschen Klima E III–A IV pflanzen.
Pflanzung: 4–4,5 Pfl./m^2, 50–70 × 25–40 cm, 7 cm tief.
Düngung (g/m^2): N: 8–15, P$_2$O$_5$: 11, K$_2$O: maximal 18, MgO: 6. K-, P-Gabe im Herbst, organische Düngung mit 3–4 kg/m^2 gut verrottetem Stallmist.
Wasserbedarf (Niederschlag und Beregnung): 220–250 mm. Ab Knollenansatz für kontinuierliche, ausreichende Wasserversorgung sorgen.
Ernte: Ab E V.
Lagerung: Bei Frühkartoffeln ungeeignet.
Hinweise: 3- bis 4-jährige Anbaupause einhalten. Vlies bzw. Folie einsetzen.
Sorten: Sehr frühe: 'Berber', 'Gloria', 'Hela'; frühe: 'Granola', 'Hansa', 'Linda'.

Kerbel: Garten-Kerbel
Anthriscus cerefolium ssp. *cerefolium* (Apiaceae, Doldenblütler)

Herkunft: Südosteuropa, Westasien.
Pflanze: Einjährig, bis 60 cm hoch, enge Verwandtschaft mit Petersilie, nicht kälteempfindlich.
Blatt: Fein gefiedert, mit kantigen Stielen.
Blüte: Weiß, in drei- bis fünfstrahligen Dolden. A V–VI.
Nutzung: Blätter als Gewürz. Junge, süßlich aromatisch riechende und schmeckende Blätter als Gewürz zu Fischgerichten, Eierspeisen, Salaten, Suppen, Quark. Neben Estragon, Petersilie, Schnittlauch Teil der Kräutermischungen „Fine herbes" oder „Frankfurter Soße". Erst nach Garen hitzeempfindliche Blätter zugeben.
Gesundheitswert: Würziger, anisähnlicher Geschmack aufgrund ätherischer Öle (Estragol 60 % u. a.), wirkt blutreinigend, harntreibend.
Standort: Lockere, etwas feuchte Gartenböden.
Klima: Europäischem Klima angepasst, verträgt Halbschatten.
Anbauzeitraum: Direktaussaat ab M III.
Aussaat: 15–25 × 2–5 cm, flach (2–3 cm) aussäen, danach walzen.
Düngung (g/m^2): N: 6, P$_2$O$_5$: 2,7, K$_2$O: 9, N in 2–3 Gaben bei intensiver Produktion, Mehrschnittnutzung; Düngung bei Zwischenkultur mit 1- bis 2-maliger Ernte nicht erforderlich.
Ernte: Ca. 40–50 Tage nach Aussaat, vor der Blüte 20–30 cm lange Pflanzen handbreit über dem Boden schneiden. Ernte der Früchte mit beginnender Braunfärbung.
Lagerung: Bundkerbel in Wasser eingestellt oder in PE-Folienbeutel bei 0–1 °C, 96 % rel. Luftfeuchte wenige Tage; Trocknen möglich, führt aber zu Aromaverlust.
Hinweise: Anbau im Gewächshaus ist möglich.

Kerbel: Kerbelrübe oder Knollenkerbel
Chaerophyllum bulbosum (Apiaceae, Doldenblütler)

Herkunft: In Mittel-, Südosteuropa heimisch.
Pflanze: Zwei- bis mehrjährig.
Blatt: Im 1. Jahr grundständig, mehrfach gefiedert. Aus der Blattrosette entwickelt sich im 2. Jahr der Blütenstand.
Blüte: Im 2. Jahr, weiß, in zusammengesetzten Dolden, an dunkelrotem, hohlem, rundem, bis 1,60 m hohem Blütenstängel. VI/VII.
Nutzung: Wurzel (knollenartige, rübenartige, bis 10 cm lange, 2–6 cm dicke, bis 200 g schwere, hellgelbe bis bräunlich rote Pfahlwurzel) als Gemüse, mit mehliger Struktur, süßlichem, aromatischem Geschmack.
Gesundheitswert: Hoher Stärkegehalt, hoher Vitamin-, Mineral-, Würzstoffgehalt.
Standort: Optimal sind sandige, mit altem Mist vermischte Lehme.
Klima: Europäischem Klima angepasst, feuchte, halbschattige Standorte bevorzugt.
Anbauzeitraum: Ein-, zweijähriger Anbau mit Aussaat III/IV oder von IX–A XI.

Aussaat: IX–XI für einjährigen Anbau, 20–25 × 4–6 cm, bei Normalsaaten 2 g Saatgut/m^2, auf 4–6 cm vereinzeln. Für zweijährigen Anbau im Herbst 10–12 g Saatgut/m^2 aussäen, im VII roden, sortieren, mindestens erbsengroße Kerbelrüben auf Endabstand pflanzen.
Pflanzung: 20–25 × 5 cm (bei zweijährigem Anbau), 80–100 Pfl./m^2.
Düngung (g/m^2): N: 4, P_2O_5: 4, K_2O: 12, keinen frischen Stalldung.
Wasserbedarf (Niederschlag und Beregnung): In Trockenperioden und zur Knollenbildung beregnen.
Ernte: E VI/VII mit Beginn der Blattvergilbung, typischer Geschmack erst nach mehrmonatiger Lagerung.
Lagerung: In mäßig feuchtem Sand im kühlen Keller oder Kühllager.

Knoblauch: Knoblauch
Allium sativum (Alliaceae, Zwiebelgewächse)

Herkunft: Fernost.

Pflanze: Ausdauernd, frosthart, einjährig bzw. einjährig überwinternd kultiviert. Nach niedrigen Temperaturen entstehen Beiknospen, sog. Zehen.

Blatt: Wechselständig am langen Scheinspross, lauchartige flache Spreiten, oben zugespitzt, am Grund als stängelumfassende Scheide.

Blüte: Weißrosa, 5–7 in kugeliger Scheindolde, meist steril. VII–VIII.

Nutzung: Zehen (20–36 mm lang, 6–20 mm breit, 6–15 mm dick. Gesamtzwiebel mit 6–20 Zehen von Häuten umgeben) als Gewürz. Frisch, als Pulver, Öl zu Gemüsegerichten, Salaten, Fleischspeisen, beim Zerschneiden mit typischem Geruch.

Gesundheitswert: Wertbestimmend sind schwefelhaltige ätherische Öle (60 % Diallysulfid), Vitamine, Mineralstoffe, senkt Cholesterinspiegel und Blutdruck.

Standort: Mittelschwere, siebfähige, humusreiche Böden, pH-Wert 6,5–7,4.

Klima: Wärmere, sonnige Lagen optimal.

Anbauzeitraum: Zehen E IX/X oder von III–IV pflanzen.

Pflanzung: 16–35 Pfl./m^2, 25–50 × 8–15 cm, 8 cm tief, im Frühjahr flacher pflanzen.

Nährstoffentzug (g/10 kg Ertrag): N: 30, P: 6,6, K: 50, Mg: 4.

Düngung (g/m^2): N_{min}-Sollwert: 12, P_2O_5: 1,8, K_2O: 7,2, MgO: 0,8.

Wasserbedarf (Niederschlag und Beregnung): Von M V–A VI in Trockenjahren beregnen.

Ernte: M VII–VIII, wenn Laubspitzen absterben, obere Blätter vergilben, Zehen noch geschlossen sind; 3–6 Tage trocknen; Stängel auf 1–2 cm kürzen.

Lagerung: Trockene Zehen bei 0–1 °C, 65–75 % rel. Luftfeuchte.

Sorten: 'Thüringer'.

Knoblauch: Schnitt-Knoblauch
Allium tuberosum (Alliaceae, Zwiebelgewächse)

Herkunft: Südostasiatische Länder von Japan bis Indien und Nepal.
Pflanze: Perennierend, bildet im Boden kleine, längliche Zwiebelansätze, ohne Knolle, mehrjährig.
Blatt: Wachstum von unten her in Büscheln, flach, stumpf, 3–5 mm breit, 25–30 cm lang, nicht hohl.
Blüte: Weiß in Dolden, an 40–50 cm langem Schaft. VIII–IX.
Nutzung: Blätter, Blütenknospen. Mit knoblauchähnlichem (aber milderem) Geschmack, als Brotbelag, in Salaten, Soßen, wichtig u. a. für die chinesische Küche.
Gesundheitswert: Wie Knoblauch mit ätherischen Ölen, Pflanzenstoffen (verhindern Bakterienvermehrung), senkt Cholesterinspiegel und Blutdruck.
Standort: Sandig-lehmige, humose Böden, die Feuchtigkeit gut speichern, pH-Wert 6,5–7,4.
Klima: Europäischem Klima angepasst, verträgt leichten Schatten, kühlere Temperaturen.
Anbauzeitraum: Direktaussaat III–VIII oder von IX–X vorkultivierte JP verwenden, 2- bis 3-jährige Nutzung.
Aussaat: 35–40 cm Reihenabstand, 2–3 cm tief, Keimung bei 16–20 °C.
Pflanzung: 35–40 × 20 cm, 12–14 Pfl./m^2.
Düngung (g/m^2): Wie Schnittlauch: N: 25 (in Grund- und nach jedem Schnitt Kopfdüngegaben), P_2O_5: 6,9, K_2O: 27,1, MgO: 3.
Wasserbedarf (Niederschlag und Beregnung): Bei Trockenheit VI–VII zusätzlich beregnen.
Ernte: Bei Aussaat III Ernte von VI–X, in Folgejahren ab IV Blätter schneiden, im Hausgarten ganzjährige Ernte möglich.
Lagerung: Wenige Tage bei 90% rel. Luftfeuchte.
Hinweise: Vlies zur Verfrühung einsetzen.

Kohl: Blumen-Kohl
Brassica oleracea var. *botrytis* (Brassicaceae, Kreuzblütler)

Herkunft: Nördliches Mittelmeergebiet, stammt vom Spargelkohl ab, der wiederum vom Wildkohl.
Pflanze: Ein- und zweijährig.
Blatt: Groß, länglich-elliptisch, leicht gewellt, mit Wachsschicht.
Blüte: Weiß oder gelb, im 1. Jahr am extrem gestauchten Blütenstand („Blume"), der nach wenigen Tagen durchtreibt.
Nutzung: „Blume" als Kohlgemüse. Frisch, meist gekocht als Gemüse oder Salat.
Gesundheitswert: Reich an Vitamin C, als Kranken-, Diät-, Schonkost geeignet, vermindert Krebsrisiko.
Standort: Leicht erwärmbare, sandige, humose Lehmböden, pH-Wert >6,5.
Klima: Maritimes Klima bevorzugt.
Anbauzeitraum: JP im Frühanbau ab M III unter Folie/Vlies, Sommersorten ab E IV, Herbstsorten bis E VII, Wintersorten vom 10.–20. VIII pflanzen.
Aussaat: Für JP-Anzucht ab M I in 5-, 4-cm-Presstöpfe aussäen. Keimung bei 18 °C, nach 2 Wochen 16 °C, dann 12–14 °C.
Pflanzung: 2,7–3,3 Pfl./m^2 (Winteranbau 2,5 Pfl./m^2).
Nährstoffentzug (g/10 kg Ertrag): N: 28, P: 4,5, K: 30, Mg: 1,2.
Düngung (g/m^2): N_{min}-Sollwert: 30, P_2O_5: 4,1, K_2O: 14,4, MgO: 0,7, auf ausreichende Mo-, B-Versorgung achten.
Wasserbedarf (Niederschlag und Beregnung): 200–400 mm, 20–30 mm/Gabe.
Ernte: Wenn sortentypische Form, Farbe, Festigkeit erreicht, im Frühanbau ab M/E V.
Lagerung: 0–1 °C, 97–100 % rel. Luftfeuchte.
Hinweise: Kurz vor der Ernte Köpfe vorm Verfärben schützen (Blätter einknicken). Fruchtwechsel mit 3-jähriger Anbaupause einhalten (standortabhängig).
Sorten: 'Nautilus'.

▲ 'Shannon': Grüner Blumenkohl, Typ Romanesco (auch Türmchen- oder Minarettkohl genannt) mit pyramidenförmigen, hellgrünen Köpfen. Pflanzung A VII mit bis zu 2,6 Pfl./m².
Weitere Sorte: 'Grafitti' (ohne Bild) – leuchtend violetter, großblumiger Blumenkohl. Anbau im Sommer wie im Herbst, ideal für die Verwendung in Rohkostsalaten. Pflanzung mit bis zu 6 Pfl./m².

Kohl: Brokkoli
Brassica oleracea var. *italica* (Brassicaceae, Kreuzblütler)

Herkunft: Nördliches Mittelmeergebiet.
Pflanze: Ein- oder zweijährig, Zweijährige blühen erst nach Überwinterung (=Winterbrokkoli), Bildung von Seitensprossen mit kleinen Köpfen.
Blatt: Groß, länglich-elliptisch, leicht gewellt, mit Wachsschicht.
Blüte: Im gestauchten Blütenstand.
Nutzung: „Blume" mit fleischigem Blattstiel als Kohlgemüse. Verzehr gekocht.
Gesundheitswert: Mehr Vitamine (insbesondere A-, B-Komplex) und Mineralstoffe als Blumenkohl.
Standort: Leicht erwärmbare, sandige, humose Lehmböden, pH-Wert >6,5.
Klima: Maritimes Klima bevorzugt.
Anbauzeitraum: JP von A III–A IV unter Folie, M IV–A VIII ohne Bedeckung pflanzen.
Aussaat: A I–A VII in Saatplatte, Erdpresstöpfe aussäen. Keimung bei 20/25 °C in 4 Tagen, dann 15/10 °C.

Pflanzung: 4 Pfl./m^2, 50 × 50 cm für Kopf von 400–500 g.
Nährstoffentzug (g/10 kg Ertrag): N: 45, P: 6,5, K: 38, Mg: 2.
Düngung (g/m^2): N_{min}-Sollwert: 31, P_2O_5: 3, K_2O: 9,2, MgO: 0,7.
Wasserbedarf (Niederschlag und Beregnung): Frühjahrssorten 100–140 mm, großblumige Sorten etwa 200–400 mm.
Ernte: Ab M V–X, wenn gewünschte Kopfgröße erreicht ist, noch bevor sich Blütenknospen öffnen.
Lagerung: Bei 0–1 °C, im Kühlschrank mit Folie gegen Austrocknen schützen.
Hinweise: Fruchtwechsel mit 3-jähriger Anbaupause einhalten. Auf Falschen Mehltau achten. Kulturschutznetze gegen tierische Schädlinge einsetzen.
Sorten: 'Marathon'.

Kohl: China-Kohl
Brassica rapa ssp. *pekinensis* (Brassicaceae, Kreuzblütler)

Herkunft: Ostasien.
Pflanze: Im gemäßigten Klima einjährige, in Ostasien zweijährige Langtagpflanze. Bildet ovale oder zylindrische, rel. lockere Köpfe.
Blatt: 30–60 cm lang, meist länglich-oval, Blattmittelrippen fleischig, bandartig verbreitert.
Blüte: Gelb in Blütenstand.
Nutzung: Blätter als Gemüse. Gekocht, roh als Salat, leicht verdaulich, als Schonkost.
Gesundheitswert: Senföle, Monosaccharide und Fruchtsäuren geschmacksbestimmend, reich an Eiweiß und Vitamin C.
Standort: Sandige Lehmböden, pH-Wert 6,5–7,5.
Klima: Mitteleuropäischem Klima angepasst, maritimes günstig.
Anbauzeitraum: JP ab M II unter Glas (temperiert), A/M III–A IV unter Folie, bis 20. VIII ins Freiland pflanzen. Direktsaat ab M VI–A VIII.
Aussaat: Direkt mit 10–15 cm Reihenabstand, 1,5–2,0 cm tief. 25. I für Pflanzung M II in 5- bis 4-cm-Presstöpfen aussäen. Keimung bei 20–25 °C.
Pflanzung: 40×30 cm = 7,5 Pfl./m^2 (frühe und Sommersorten), 50×30–40 cm = 6 Pfl./m^2 (späte, stark wachsende Sorten).
Nährstoffentzug (g/10 kg Ertrag): N: 15, P: 4, K: 25, Mg: 1.
Düngung (g/m^2): N_{min}-Sollwert: 21,5, P_2O_5: 6,4, K_2O: 21, MgO: 1,2.
Wasserbedarf (Niederschlag und Beregnung): 150–260 mm.
Ernte: Unter Glas ab 20. IV, unter Vlies ab M V.
Lagerung: Bei 1,5–3 °C, >97 % rel. Luftfeuchte bis 8 Wochen.
Hinweise: Fruchtwechsel mit 3- bis 4-jähriger Anbaupause einhalten. Kulturschutznetze einsetzen.
Sorten: 'Asten', 'Kasumi', 'Parkin'.

Kohl: Grün-Kohl
Brassica oleracea var. *sabellica* (Brassicaceae, Kreuzblütler)

Herkunft: Östlicher Mittelmeerraum.
Pflanze: Zweijährig, krautig, winterhart, 0,20–1,50 m hoch, schnellwüchsig, bildet im 1. Jahr dicht beblätterten Stängel.
Blatt: Gewellt bis gekräuselt, länglich.
Blüte: Im 2. Jahr nach Kälteeinwirkung, gelbe Blütenstände in Trauben.
Nutzung: Blätter als Kohlgemüse zu fetten Gerichten (u. a. Gänse-, Schweinebraten).
Gesundheitswert: Senföle, Mono- und Disaccharide geschmacksbildend, reich an Eiweiß, Vitamin C, Provitamin A, Kalium, Calcium, Phosphor, Eisen, Fruchtsäuren, sekundären Pflanzenstoffen.
Boden: Alle Böden mit guter Struktur, guter Wasserversorgung, pH-Wert >6.
Klima: Mittel-, westeuropäischem Klima angepasst.
Anbauzeitraum: Vorkultivierte JP A V–VI, VII–VIII pflanzen, Dauer bis Ernte ca. 100 Tage. Direktsaat von M VI–M VII.
Aussaat: JP-Anzucht im Freiland ohne Pikieren (2 g/m^2) oder ab V in Töpfe aussäen. Dauer JP-Anzucht ca. 30 Tage.
Pflanzung: V–VI mit 60 × 50 cm, VII–VIII mit 50–40 × 40 cm, 3,3–6,2 Pfl./m^2.
Nährstoffentzug (g/10 kg Ertrag): N: 49, P: 7,1, K: 49, Mg: 2,5.
Düngung (g/m^2): N_{min}-Sollwert: 20 bei V-, 15 bei VI-, 12 bei VII/VIII-Pflanzungen, P_2O_5: 6,4, K_2O: 23,8, MgO: 1,7.
Wasserbedarf (Niederschlag und Beregnung): Ca. 400 mm, bei Bedarf von A VIII–M IX 80–90 mm in 3–4 Gaben beregnen.
Ernte: Ab 10. IX, nach 1. Frost Blattrosetten schneiden.
Lagerung: Bei −2,5 bis −2 °C 8–10 Wochen, bei 0 °C im PE-Beutel wenige Tage.
Hinweise: Fruchtfolge einhalten.
Sorten: 'Reflex', 'Arsis'.

▲ 'Redbor': Rotblättriger Grün-Kohl, Verwendung als ertragreiches, wohlschmeckendes Blattgemüse. Verliert Farbe beim Kochen.
Hinweis: Verwendung auch als Dekoration zu Erntedank, Halloween.

▲ Toskanischer Palm-Kohl
Brassica oleracea var. *acephala* f. *palmifolia*

▼ Zier-Kohl
Brassica oleracea var. *acephala* f. *crispa*

Kohl: Kohlrabi
Brassica oleracea var. *gongylodes* (Brassicaceae, Kreuzblütler)

Herkunft: Nördliches Mittelmeergebiet.
Pflanze: Krautartig, zweijährig, temperaturempfindlich, besonders im Jugendstadium.
Blatt: Lang gestielt, länglich-eirund, gezähnt, mit Wachsüberzug.
Blüte: Im 2. Jahr, gelb.
Nutzung: Sprossknolle (verdickter Hauptspross, der oberhalb vom 2. oder 3. Hauptblatt durch primäres Dickenwachstum im 1. Jahr entsteht) als Gemüse.
Gesundheitswert: Reich an Kohlenhydraten, Fruchtsäuren, Senfölen, Vitamin C, Kalium und sekundären Pflanzenstoffen.
Standort: Im Frühjahr leichtere, schnell erwärmbare, im Sommer schwerere Böden, pH-Wert 6–7,5.
Klima: Mitteleuropäischem Klima angepasst.
Anbauzeitraum: JP unter Glas A II (temperiert) – M II (kalt), unter Folie/Vlies A III–M IV, ohne Bedeckung bis 20. VIII ins Freiland pflanzen, Direktsaat ab A III–M VII.

Aussaat: Ab 10. XII (Pflanzung A II) unter Glas in Torfpresstöpfe. Keimung bei 16–24 °C, dann 12–15/10 °C, direkt mit 30–40 × 8 cm.
Pflanzung: 12 Pfl./m^2 (frühe), 8–12 Pfl./m^2 (späte Sorten).
Nährstoffentzug (g/10 kg Ertrag): N: 28, P: 4,5, K: 35, Mg: 1,5.
Düngung (g/m^2): N_{min}-Sollwert: 23, P_2O_5: 6,6, K_2O: 19, MgO: 1,2.
Wasserbedarf (Niederschlag und Beregnung): 200–400 mm, mit 20 mm/Gabe, Hauptbedarf ab Beginn der Knollenbildung.
Ernte: Erste Sätze unter Glas ab E III.
Lagerung: Bei 0–0,5 °C, > 97 % rel. Luftfeuchte bis zu 2 Wochen.
Hinweise: Auf Falschen Mehltau achten.
Sorten: Weiß: 'Express Forcer', 'Cindy', 'Korist'. Blau: 'Blaro', 'Azur Star', 'Kolibri'.

Kohl: Rosen-Kohl
Brassica oleracea var. *gemmifera* (Brassicaceae, Kreuzblütler)

Herkunft: Belgien.
Pflanze: Zweijährig, im 1. Jahr Bildung eines 0,60–1,20 m hohen Strunks. In Blattachsen entwickeln sich die dicht geschlossenen Knospen, die sog. Röschen.
Blatt: Grün mit blasig aufgetriebener Spreite, langen Stielen.
Blüte: Im 2. Jahr, gelb.
Nutzung: Röschen als Kohlgemüse.
Gesundheitswert: Reich an Vitamin C, Mineralstoffen (u. a. Kalium und Eisen), sekundären Pflanzen- und Ballaststoffen. Geschmack wird durch Frost günstig beeinflusst.
Standort: Humusreiche, sandige Lehmböden, Lößlehm-, Schwarzerdeböden, pH-Wert 6,5–7,5.
Klima: Mitteleuropäischem Klima angepasst, maritimes Klima optimal.
Anbauzeitraum: JP ab M IV–A VI ins Freiland pflanzen. Kulturdauer (je nach Sorte) 150–195 Tage.

Aussaat: M III–A V in Erdpresstöpfe. Bei 25/20 °C Keimung in ca. 4 Tagen, dann 12/8 °C. Dauer JP-Anzucht ca. 30 Tage.
Pflanzung: 75 × 45–33 cm, 3–4 Pfl./m^2.
Nährstoffentzug (g/10 kg Ertrag): N: 65, P: 8,5, K: 55, Mg: 2,5.
Düngung (g/m^2): N_{min}-Sollwert: 30, P_2O_5: 4,8, K_2O: 16,6, MgO: 1, B-haltige Dünger verwenden.
Wasserbedarf (Niederschlag und Beregnung): Mehr als 600 mm, Hauptbedarf M–E VII, A IX, zum Anwachsen beregnen.
Ernte: Frühe Sorten ab E VIII–A IX. Durch Köpfen (4–8 Wochen vor geplanter Ernte Terminalknospe entfernen) Ernteverfrühung, Mehrfachernte möglich.
Lagerung: Bei 0–1 °C, 97 % rel. Luftfeuchte.
Hinweise: Kohlherniefreie Böden wählen. Anbau im 4-jährigen Wechsel.
Sorten: 'Hilds Ideal', 'Brolin'.

Kohl: Rot-Kohl oder Blaukraut
Brassica oleracea var. *capitata* f. *rubra* (Brassicaceae, Kreuzblütler)

Herkunft: Mittelmeer-, Westküsten Europas, stammt vom Wildkohl ab.
Pflanze: Zweijährige Langtagpflanze, einjährig kultiviert.
Blatt: Mit Wachsschicht, in eng geschlossener, kopfförmiger Blattrosette.
Blüte: Im 2. Jahr, gelb.
Nutzung: Gekocht als Kohlgemüse.
Gesundheitswert: Bedeutsam: Gehalt u. a. an bioaktiven Stoffen, reicher an Vitamin C als Weiß-Kohl, enthält Anthocyan, stärkt das Immunsystem, reguliert den Blutdruck.
Standort: Im Frühjahr leichte, für Herbst-, Dauerkohl schwere Böden, pH-Wert 6,0–7,5.
Klima: Maritimes Klima optimal.
Anbauzeitraum: Direktsaat im Freiland E IV–M V. Vorkultivierte JP unter Folie A III–A IV, ohne Bedeckung bis A VII pflanzen.
Aussaat: Von I–III in Presstöpfe aussäen. Keimung bei 16–20 °C, bis Pikieren 14–16 °C, bis Pflanzung 10–12 °C.
Pflanzung: Frühjahr 4–6 Pfl., Herbst 2–4 Pfl./m^2.
Nährstoffentzug (g/10 kg Ertrag): N: 22, P: 3,5, K: 30, Mg: 1,5.
Düngung (g/m^2): N_{min}-Sollwert: 22–26, P_2O_5: 4,8, K_2O: 21,7, MgO: 1,5.
Wasserbedarf (Niederschlag und Beregnung): Wintersorten >600 mm. Hauptbedarf zur Kopfbildung, bei leichten Böden bereits zum Anwachsen beregnen.
Ernte: Frühsorten ab A VI.
Lagerung: Kalt, trocken, ausreichend belüftet, bei 0–0,5 °C, 96–98 % rel. Luftfeuchte langfristig haltbar.
Hinweise: Von Kohlarten diejenige mit den höchsten Ansprüchen u. a. an Bodenstruktur, Anbau im 4-jährigen Wechsel.
Sorten: 'Autoro': mittelspät.

Kohl: Weiß-Kohl
Brassica oleracea var. *capitata* f. *alba* (Brassicaceae, Kreuzblütler)

Herkunft: Stammt vom Wildkohl ab, der an Mittelmeer-, Westküsten Europas wächst.
Pflanze: Zweijährige Langtagpflanze, einjährig kultiviert.
Blatt: Eng geschlossene, kopfförmige Blattrosette.
Blüte: Im 2. Jahr, gelb im Blütenstand. VI (natürliche Blüte).
Nutzung: Als Kohlgemüse. Verzehr als Koch-, Salatgemüse, Sauerkraut.
Gesundheitswert: Reich an Vitamin C, bedeutsamer Gehalt an bioaktiven Stoffen, stärkt das Immunsystem, reguliert Blutdruck, Blutzuckergehalt, senkt Cholesterinspiegel, vermindert Darmkrebsrisiko.
Standort: Im Frühjahr leichte, für Herbst-, Dauerkohl schwere Böden, pH-Wert 6,0–7,5.
Klima: Maritimes Klima optimal.
Anbauzeitraum: Direktsaat im Freiland E IV–M V. Vorkultivierte JP unter Folie A III–A IV, ohne Bedeckung bis M VI pflanzen.

Aussaat: Direkt mit 5 Pfl./m². Von I–III für JP-Anzucht in Presstöpfe aussäen. Keimung bei 16–20 °C, bis Pikieren 14–16 °C, bis Pflanzung 10–12 °C.
Pflanzung: Frühjahr 5–6 Pfl., Sommer 3,5–5 Pfl., bei Spätkohl 2,5–3,5 Pfl./m².
Nährstoffentzug (g/10 kg Ertrag): N: 20, P: 3,2, K: 26, Mg: 1,5.
Düngung (g/m²): N_{min}-Sollwert: 24–26, P_2O_5: 7,3, K_2O: 31,3, MgO: 2,5.
Wasserbedarf (Niederschlag und Beregnung): Sommersorten 400–600 mm, Wintersorten > 600 mm, Hauptbedarf zur Kopfbildung.
Ernte: Frühsorten ab V, Herbst-, Lagersorten ab ca. M X.
Lagerung: Kalt, trocken, ausreichend belüftet, bei 0–0,5 °C, 96–98 % rel. Luftfeuchte langfristig haltbar.

▲ Weiß-Kohl: „Mini-Weiß-Kohl": Runder, sehr kleiner Kopfkohl mit einem Kopfgewicht von ca. 500 g, Pflanzung mit 30 × 30 bzw. 50 × 30 cm.

▲ Weiß-Kohl: 'Autumn Queen': Flachrunder Kopfkohl (sog. „Türkenkohl"), mit durchschnittlichem Kopfgewicht von 2,5–3,5 kg. Pflanzung mit 50 × 50 cm. Ernte von A VII–E X.

▼ Spitz-Kohl
Brassica oleracea var. *capitata* f. *alba*

Kohl: Wirsing-Kohl
Brassica oleracea var. *sabauda* (Brassicaceae, Kreuzblütler)

Herkunft: Atlantikküste (Mittel-, Südengland), Frankreich, östl. Mittelmeer (Wildform).
Pflanze: Zweijährige Langtagpflanze, einjährig kultiviert.
Blatt: Gekraust mit Wachsschicht, in eng geschlossener, kopfförmiger Blattrosette.
Blüte: Im 2. Jahr, gelb.
Nutzung: Meist gekocht als Kohlgemüse.
Gesundheitswert: Reich an Vitamin C, bedeutsamer Gehalt u. a. an bioaktiven Stoffen, u. a. zur Stärkung des Immunsystems, Regulierung des Blutdrucks.
Standort: Im Frühjahr leichte, für Herbst-, Dauerkohl schwere Böden, pH-Wert 6,0–7,5.
Klima: Maritimes Klima optimal.
Anbauzeitraum: Vorkultivierte JP unter Folie M III–A IV, ohne Bedeckung bis A VII pflanzen. Direktsaat E IV–M V.
Aussaat: I–III für JP-Anzucht in Presstöpfe aussäen, Keimung bei 16–20 °C, bis Pikieren 14–16 °C, bis zum Pflanzen 10–12 °C.

Pflanzung: Frühjahr 40 × 40 bis 50 × 40 cm, späte Pflanzung 65 × 50 cm.
Nährstoffentzug (g/10 kg Ertrag): N: 35, P: 5, K: 32, Mg: 1,5.
Düngung (g/m²): N_{min}-Sollwert: 26–28, P_2O_5: 4,6, K_2O: 15,4, MgO: 1; Kalkstickstoffeinsatz.
Wasserbedarf (Niederschlag und Beregnung): 400–600 mm, Hauptbedarf zur Kopfbildung, auf leichten Böden bereits zum Anwachsen beregnen.
Ernte: Frühsorten ab A V.
Lagerung: Kalt, trocken, ausreichend belüftet, bei 0–0,5 °C, 96–98 % rel. Luftfeuchte langfristig haltbar.
Hinweise: In unserem Klima nicht frosthart. Anbau im 4-jährigen Wechsel aufeinander oder nach anderen Kreuzblütlern.
Sorten: 'Vorbote', 'Wirosa'.

Kohl: Kohl-Rübe oder Steck-Rübe
Brassica napus ssp. *rapifera* (Brassicaceae, Kreuzblütler)

Herkunft: Entstanden aus Kreuzung von *B. oleracea* und *B. rapa*.
Pflanze: Zweijährig, bildet im 1. Jahr Blattrosette und Sprossrübe bzw. Kohlrübenknolle.
Blatt: Blaugrün, wachsüberzogen, grundständig.
Blüte: Im 2. Jahr in Blütenstand.
Nutzung: Rübenknolle (wird vom Hypokotyl, basalem Teil des Hauptsprosses und Abschnitten der Hauptwurzel gebildet) als Wurzelgemüse. Verzehr als Eintopf.
Gesundheitswert: Geschmacksbildende schwefelhaltige, ätherische Öle, reich an Glucose, Fructose, Mineralstoffen (Kalium), Vitamin C sowie sekundären Pflanzenstoffen.
Standort: Humose bzw. lehmige Böden, pH-Wert >6.
Klima: Angepasst, maritimes Klima günstig.
Anbauzeitraum: JP ab M V–A VIII ins Freiland, klassisch 10.–20. VII pflanzen. Direktsaat von A V–M VI.

Aussaat: Ab E III im Freiland für Pflanzung M V, 15–20 cm Reihenabstand (250 Pfl./m^2) oder als Ballenware, JP-Anzucht dauert ca. 5 Wochen. Direktsaat mit 50–75 × 20 cm (8–14 Korn/m^2).
Pflanzung: 4–5 Pfl./m^2.
Nährstoffentzug (g/10 kg Ertrag): N: 25, P: 5,7, K: 33, Mg: 4,8.
Düngung (g/m^2): N_{min}-Sollwert: 10, P_2O_5: 4,6, K_2O: 14, MgO: 2,8; B-haltige Dünger.
Wasserbedarf (Niederschlag und Beregnung): Bei Trockenheit dreimal 15 mm A/M VIII–A IX.
Ernte: Bei einem Durchmesser von 8–14 cm, ca. 120–130 Tage nach Pflanzung.
Lagerung: Im Keller möglich. Bei 0–1 °C, >95 % rel. Luftfeuchte bis zu 8 Monate.
Sorten: 'Wilhelmsburger': gelbfleischig, Aussaat von M III–E VI.

Koriander
Coriandrum sativum (Apiaceae, Doldenblütler)

Herkunft: Östliches Mittelmeergebiet, Nordafrika oder Nordasien.
Pflanze: Einjährig, 30–70 cm hoch, Stängel rund, fein gerillt, oben verästelt.
Blatt: Untere Blätter lang gestielt, dreilappig, obere fast sitzend, mehrfach gefiedert.
Blüte: Lang gestielt, weiß-rötlich, an Dolden. VI–VII.
Nutzung: Samenkörner getrocknet, ganz oder gemahlen, leicht bitter, süßlich schmeckend als Speisegewürz in der orientalischen Küche, bei uns als Lebkuchen-, Brotgewürz, zum Einkochen von Rote Bete.
Gesundheitswert: Wertvoll durch ätherische, fette Öle, Eiweiß, Gerbstoffe, Zucker, wirkt appetitanregend, gegen Blähungen und Verdauungsbeschwerden.
Standort: Leichte, kalkhaltige Böden.
Klima: Geschützte, warme Lagen.
Anbauzeitraum: Direktsaat von III/IV–VII. Alternativ vorkultivierte JP ab V pflanzen.

Aussaat: 50–80 g Saatgut/100 m² (je nach TKG), Reihenabstand 25–30 cm, 1–2 cm tief, später auf 12 cm Abstand in der Reihe verziehen.
Pflanzung: 25 × 15 cm, 27 Pfl./m².
Düngung (g/m²): Dankbar für K-Gabe. Vorsicht bei N-Gabe.
Wasserbedarf (Niederschlag und Beregnung): Wassergaben erforderlich.
Ernte: Je nach Region E VII–E VIII vor Eintritt der Vollreife, möglichst bei trübem Wetter, in den frühen Abend- oder Morgenstunden, Erntegut in Garben zum Ausreifen der Samen aufstellen.
Lagerung: Trockene Samen in gut schließenden Behältern lagern.
Hinweise: Mehrmals Hacken, bis Bestand geschlossen ist.

Kresse: Brunnenkresse
Nasturtium officinale (Brassicaceae, Kreuzblütler)

Herkunft: Nicht sicher bekannt, wild wachsend in Feuchtgebieten Mitteleuropas.
Pflanze: Ausdauernd, krautig, bis 60 cm hoch, mit hohlem, kantigem Stängel, Langtagpflanze.
Blatt: Rundlich bis elliptisch, wechselständig, unpaarig gefiedert.
Blüte: Achsel- oder endständig, weiß, gelbe Staubbeutel. V–IX.
Nutzung: Triebspitzen, Blätter als Blattgemüse. Als Salat.
Gesundheitswert: Rettich- oder meerrettichartiger Geschmack durch Senföle, reich an Vitamin C, Carotin, Mineralstoffen, wirkt verdauungs-, durchblutungsfördernd, blutreinigend, harntreibend, abwehrstärkend.
Standort: Wild u.a. an sauberen, schnell fließenden Quellen, Anbau im Beet oder an flachen Wassergräben. Wassertemperatur 10–15 °C, pH-Wert (Wasser) >7,5.
Klima: Mitteleuropäischem Klima angepasst.

Anbauzeitraum: Direktaussaat ins Freiland von M V–M VIII, unter Glas Aussaat A X für Ernte XII–I. Pflanzung vorkultivierter JP (auch aus Stecklingsvermehrung) möglich.
Aussaat: Direkt 2–3 g Saatgut/10 m², 15–25 cm Reihenabstand.
Pflanzung: 20 × 6–10 cm, 50–83 Pfl./m².
Nährstoffentzug (g/10 kg Ertrag): N: 19, P: 3, K: 37, Mg: 1 (wie Schnittsalat).
Düngung (g/m²): N: 5,7, P_2O_5: 2,1, K_2O: 13,4, MgO: 0,5 (wie Schnittsalat).
Wasserbedarf (Niederschlag und Beregnung): Stecklinge nach dem Pflanzen 2–4 cm überfluten, später Triebspitzen ständig unter Wasser halten.
Ernte: Höhepunkt X–IV, 6–12 cm lange Triebspitzen ernten.
Lagerung: Bei 0,5 °C, >98 % rel. Luftfeuchte bis zu 3 Tage.
Hinweise: Unter Glas in 7- bis 9-cm-Töpfen kultivierbar.

Kresse: Garten-Kresse
Lepidium sativum (Brassicaceae, Kreuzblütler)

Herkunft: Nordostafrika, Ägypten, Vorderasien.
Pflanze: Einjährig, bis 60 cm hoch, Stängel kahl, bläulich grün, nach oben verzweigt.
Blatt: Blaugrün, bereift, unregelmäßig eingeschnitten, fiederteilig.
Blüte: Weiß bis rosafarben in Trauben. VI/VII.
Nutzung: Blätter als Blattgemüse, Gewürz.
Gesundheitswert: Pikant, würziger Geschmack aufgrund von Senfölglykosiden, Bitterstoffen, reich an Vitamin C, Carotin, Calcium, Eisen, appetitanregend.
Standort: Alle gemüsefähigen Böden.
Klima: Keine besonderen Anforderungen, wachsen auch im Halbschatten.
Anbauzeitraum: Direktsaat im Freiland im V zur Ernte von Schnittkresse, unter Glas ganzjährig.
Aussaat: Direkt breitwürfig oder in Reihe (Reihenabstand 8–15 cm), 60–80 g Saatgut/m^2; Keimung ab 6 °C. Im Gewächshaus in Töpfe, Schalen mit zellulosehaltigen Substraten oder ins Grundbeet säen, Keimung bei 15–20 °C, dann 10–12 °C, lüften ab 20 °C.
Nährstoffentzug (g/10 kg Ertrag): N: 70, P: 5, K: 65.
Düngung (g/m^2): Nicht erforderlich.
Wasserbedarf (Niederschlag und Beregnung): Häufige, kleine Gaben, Staunässe vermeiden.
Ernte: 10–14 Tage nach Aussaat, Schnittkresse mit 7–9 cm Höhe verwenden.
Lagerung: Topfware bei 0–1 °C bis 14 Tage.
Hinweise: Saatgut einige Stunden in lauwarmem Wasser vorquellen.
Sorten: 'Gartenkresse einfach', 'Gartenkresse großblättrig', 'Gartenkresse krause'.

Kresse: Kapuziner- oder Blumenkresse
Tropaeolum majus (Tropaeolaceae, Kapuzinerkressengewächse)

Herkunft: Südamerika, Kolumbien bis Peru.
Pflanze: Niedrig kriechend oder kletternd, ein- oder mehrjährig, frostempfindlich.
Blatt: Nieren-, schildförmig bis rund, ganzrandig, Stängel fleischig, kahl.
Blüte: In Blattachseln, lang gestielt, gespornt, glockenförmig, orange, hellrot, leuchtend rot oder goldgelb mit stumpfen Kronblättern. E VI-X.
Nutzung: Als Blattgemüse. Blätter in Rohkostsalaten, als Brotbelag, süßlicher, scharfer, kresseähnlicher Geschmack, Blüten als Salat, Salatwürze, halbreife Samen, geschlossene Knospen in Essig eingelegt als Kapernersatz.
Gesundheitswert: Geschmacksbestimmende Senföle, reich an Vitamin C, antibiotischen Stoffen, wirkt abwehrsteigernd, appetitanregend.
Standort: Warme, kalkhaltige, sandige Lehmböden, pH-Wert 5,6-7,2.

Klima: Sonnige bis halbschattige Lagen.
Anbauzeitraum: Direktsaat ab E IV/A V. - Alternativ vorkultivierte JP M V-E VI pflanzen.
Aussaat: Direkt mit 30-40 cm Reihenabstand, 8-10 Korn/lfd. Meter oder 2-3 Korn/Ablagestelle im Abstand von 25-30 cm, 2 cm tief. Für Pflanzung M V: E III/A IV 3-4 Korn/7- bis 8-cm-Topf aussäen, 16-20 °C.
Pflanzung: Beetanbau (Abstände s. o.), Pflanzkübel, Container.
Düngung (g/m²): Auf gemüsebaulich genutzten Böden nicht erforderlich.
Wasserbedarf (Niederschlag und Beregnung): Bewässern, wenn Pflanzen in Trockenperioden kümmern.
Ernte: Unmittelbar vor Verwendung.
Lagerung: Im Folienbeutel bei 2-5 °C, >95 % rel. Luftfeuchte möglich.
Sorten: 'Rankende Prachtmischung'.

Kresse: Löffelkresse oder Löffelkraut
Cochlearia officinalis (Brassicaceae, Kreuzblütler)

Herkunft: Küstengebiete Nordeuropas.
Pflanze: Zwei- oder mehrjährig, frosthart, 20–30 cm hoch.
Blatt: Breit, eiförmig, lang gestielt, grob gezähnt, in der Mitte kurz gestielt, hell- bis mittelgrün, schwach glänzend, Blätter bilden lockere Rosette.
Blüte: Im 2. Jahr, weiß, stark duftend in Trauben.
Nutzung: Junge, frische Blätter als Gemüse. Zubereitet wie Salat, geschnitten wie Kresse oder Schnitt-Lauch als Brotbelag.
Gesundheitswert: Scharfer, kresseartiger Geschmack aufgrund von Senfölglykosiden, Bitter-, Gerbstoffen, hoher Vitamin-C-Gehalt, wirkt gegen Blasenleiden, Verdauungsstörungen, stoffwechselanregend.
Standort: Gedeiht auf allen feuchten Böden, auch auf salzhaltigen.
Klima: Europäischem Klima angepasst, auch im Halbschatten.
Anbauzeitraum: Direktsaat III–V und VIII–IX (z. T. mit Folien-/Vliesbedeckung).
Aussaat: 0,6–0,8 g Saatgut/m^2, mit 20–30 cm Reihenabstand, 0,5–1,0 cm tief; bei 5–15 °C Bodentemperatur Keimung in 10–20 Tagen. In der Reihe auf 8–10 cm vereinzeln.
Pflanzung: Sämlinge ca. 3 Wochen nach Aussaat in Schalen, Kästen pikieren.
Düngung (g/m^2): Ähnlich Radieschen: N_{min}-Sollwert: 10, P_2O_5: 2, K_2O: 10, MgO: 1.
Wasserbedarf (Niederschlag und Beregnung): Regelmäßige Wassergaben.
Ernte: Im Freiland bei Aussaat VIII von XI–IV laufend grundständige Blätter.
Hinweise: Anbau im Gewächshaus möglich.

Kümmel
Carum carvi (Apiaceae, Doldenblütler)

Herkunft: Südöstliches Mittelmeergebiet, verwildert in ganz Europa verbreitet.
Pflanze: Zwei- und mehrjährig, 1. Jahr Bildung Blattrosette, 2. Jahr Stängelwachstum bis 1,20 m hoch, kantig, gerieft.
Blatt: Untere Blätter gestielt, obere auf breitem, scheidenartigem Stiel sitzend, mehrfach gefiedert.
Blüte: In Dolden, vielstrahlig, weiß bis rötlich. V–VI.
Nutzung: Vorrangig Früchte als Gewürz an Fleischgerichte, Kohl, Käse, verschiedene Brotsorten, daneben möhrenartige Wurzeln, junge Blätter als Gemüse.
Gesundheitswert: Würziger Geruch und Geschmack u. a. aufgrund ätherischer Öle, Gerbstoffe, reife Samen gegen Blähungen, Magen-, Darmkrämpfe, Appetitlosigkeit, wirkt verdauungsfördernd.
Standort: Frische, tiefgründige, kalkhaltige Lehmböden, pH-Wert 6–6,5.

Klima: Feuchtes Seeklima positiv.
Anbauzeitraum: Direktsaat im IV oder Spätsommer. Üblicherweise wird Kultur 3 Jahre genutzt.
Aussaat: 80–100 g Saatgut/100 m^2, Reihenabstand 30–35 cm, nur leicht mit Erde bedecken (Lichtkeimer). Keimdauer 2–3 Wochen.
Düngung (g/m^2): Kalk-, stickstoffbedürftig. Zu hohe N-Gaben beeinträchtigen Ölgehalt des Samens.
Wasserbedarf (Niederschlag und Beregnung): Mäßig feucht halten.
Ernte: Reife je nach Lage E VI–A VII. Sobald sich Früchte bräunen, in frühen Morgenstunden oder an trüben Tagen Kraut schneiden und zum Trocknen, Nachreifen aufhängen.
Lagerung: Gesäubert, trocken, luftig lagern.

Kürbis: Flaschenkürbis oder Kalebasse
Lagenaria siceraria (Cucurbitaceae, Kürbisgewächse)

Herkunft: Unsicher.
Pflanze: Einjährig, sehr stark wachsend, mit Ranken.
Blatt: Herzförmig mit behaarter Unterseite.
Blüte: Einhäusig, in Blattachseln, weiße pollenliefernde männliche Blüten blühen vor lang gestielten, weißlichen, cremefarbenen weiblichen.
Nutzung: Weichschalige Früchte (sortenabhängige Form, Größe, Farbe) als Gemüse. Zum Beispiel als Kochgemüse, für Salate, in Essig und Salz eingelegt. Verzehr von Blättern, jungen Trieben, Samen möglich. Hüllen ausgereifter Früchte als Gefäße, Löffel.
Gesundheitswert: Fruchtfleisch mit niedrigem Energiewert.
Standort: Humose, leicht erwärmbare, gut dränierte Böden, pH-Wert 6–7.
Klima: Warme, sonnige, windgeschützte Lagen, Wachstumsstörungen, wenn längere Zeit Nachttemperaturen <10 °C.

Anbauzeitraum: Abgehärtete JP M–E V ins Freiland pflanzen. Direktsaat möglich.
Aussaat: Unter Glas ab M IV 1 Korn/8- bis 10-cm-Topf (JP-Anzucht).
Pflanzung: $1-2 \times 1-2$ m, 1 Pfl./m^2.
Düngung (g/m^2): N: 10 (in 2 Gaben), P$_2$O$_5$: 8,2, K$_2$O: 3,4. Kopfdüngung ab E VI/A VII, Stallmistgabe positiv.
Wasserbedarf (Niederschlag und Beregnung): Auf gleichmäßig hohe Bodenfeuchte achten.
Ernte: Ca. 10 Wochen nach Aussaat.
Lagerung: Unreife, junge Früchte bei 7–10 °C, 90 % rel. Luftfeuchte kurzzeitig haltbar.
Hinweise: 4-jährigen Fruchtwechsel anstreben. Pflanzen an Kletterhilfen kultivieren. Anbau unter Glas möglich, als Zierkürbis geeignet.
Sorten: 'Herkuleskeule', 'Kalebassen', 'Kobra', 'Tiny Bottle'.

Kürbis: Garten-Kürbis, Gemüse-Kürbis oder Zucchini
Cucurbita pepo convar. *giromontiina* (Cucurbitaceae, Kürbisgewächse)

Herkunft: Entstanden aus *C. texana* im nördlichen Mexiko und in den östlichen USA.

Pflanze: Einjährig, frostempfindlich, wärmeliebend, buschförmiges Wachstum, sechskantige, behaarte Stiele, ohne Ranken.

Blatt: Groß, fünflappig, silbrig marmoriert, Basalrand und Blattspreite gesägt, behaart.

Blüte: Gelb, einzeln stehend.

Nutzung: Männliche Blüten, Früchte (bot. niedere Beere, sortenabhängige Form, Farbe, Größe) als Kochgemüse, Salat, Suppe, mit neutralem, leicht nussartigem Geschmack.

Gesundheitswert: Leicht verdaulich, vitamin- und mineralstoffreich; als Diätgemüse.

Standort: Humusreiche, lockere, leicht erwärmbare Böden, pH-Wert 6,0–7,5.

Klima: Optimal: 18–24 °C, <10 °C kein Wachstum.

Anbauzeitraum: JP unter Vlies ab E IV, ohne Bedeckung ab MV pflanzen. Direktsaat MV–A VI.

Aussaat: Direkt 2 Korn/m^2, 3 cm tief. JP-Anzucht unter Glas A IV (für Pflanzung E IV) in 6-cm-Töpfe aussäen, Keimung bei 22 °C, dann 15–18 °C.

Pflanzung: 1 Pfl./m^2, z. B. 160 × 60–75 cm.

Nährstoffentzug (g/10 kg Ertrag): N: 16, P: 2,6, K: 17, Mg: 1,6.

Düngung (g/m^2): N_{min}-Sollwert: 20–24, P_2O_5: 3, K_2O: 10,2, MgO: 1,3, positiv wirken 3–4 kg/m^2 Stallmist.

Wasserbedarf (Niederschlag und Beregnung): Bei Trockenheit A/M VI–M VIII 6×10–15 mm.

Ernte: Ca. 5–6 Wochen nach Pflanzung vier- bis sechsmal pro Woche Früchte mit Stielansatz schneiden.

Lagerung: Maximal 1 Woche bei 7–10 °C, 90–95 % rel. Luftfeuchte.

Hinweise: 4-jährigen Fruchtwechsel einhalten. Der Garten-Kürbis (*Cucurbita pepo*) ist Arzneipflanze des Jahres 2005.

Sorte: 'Ambassador'.

▲ 'Diamant': Bewährter, robuster Standard mit mittel- bis dunkelgrünen, lang-ovalen Früchten, kompakte Pflanze mit offenem Wuchs.
Weitere Sorten: 'Acceste' mit mittelgrünen, lang-ovalen Früchten, 'Monitor', 'Tarmino' mit lang-ovalen, dunkelgrünen Früchten.

▼ 'Gold Rush': Tief goldgelbe lang-ovale Früchte mit angenehmem Geschmack und mittelfrüher Reife.

▲ 'Eight Ball': Erste Sorte mit runden, dunkelgrünen Früchten. In der Gourmetküche werden diese gern zum Füllen verwendet.

▼ 'Bianca di Trieste': Italienische weißfrüchtige Sorte.
Weitere Sorte: 'Jedida' mit weißlich-grünen, kurzen dicken Früchten.

Kürbis: Garten-Kürbis, Gemüse-Kürbis oder Zucchini (Treib-)
Cucurbita pepo convar. *giromontiina* (Cucurbitaceae, Kürbisgewächse)

Herkunft: Entstanden aus *C. texana* im nördlichen Mexiko und in den östlichen USA.

Pflanze: Einjährig, buschförmiges Wachstum, ohne Ranken, sechskantige, behaarte Stiele.

Blatt: Groß, fünflappig, silbrig marmoriert, behaart, Basalrand und Blattspreite gesägt.

Blüte: Gelb, einzeln stehend.

Nutzung: Früchte (bot. niedere Beere, 30 g bis 15 kg schwer), männliche Blüten als Kochgemüse, Salat und Suppe, mit neutralem, leicht nussartigem Geschmack.

Gesundheitswert: Vitamin-, mineralstoffreich, geringer Rohfaseranteil, leicht verdaulich, als Diätgemüse geeignet.

Standort: Humusreiche, lockere Böden, pH-Wert 6,0–7,5.

Klima: Temperaturen tags 20–22 °C, nachts > 12–15 °C, ab 22 °C lüften.

Anbauzeitraum: JP unter Glas (warm) A II–E III, in das temperierte Haus A–M IV pflanzen.

Aussaat: 20. XII für Pflanzung A II unter Glas in 7- bis 9-cm-Töpfe. Keimung bei 22 °C, dann 15–18 °C.

Pflanzung: $1,30 \times 0,50$ m, 1,5–1,8 Pfl./m².

Nährstoffentzug (g/10 kg Ertrag): N: 16, P: 2,6, K: 17, Mg: 1,6.

Düngung (g/m²): N_{min}-Sollwert: 20–24, P_2O_5: 3, K_2O: 10,2, MgO: 1,3; 3–4 kg Stallmist positiv.

Wasserbedarf (Niederschlag und Beregnung): Auf gleichbleibende Bodenfeuchte achten.

Ernte: Im Warmhaus ab M III, im temperierten Haus ab M V unreife Früchte von 15–20 cm Länge.

Lagerung: Maximal 1 Woche bei 7–10 °C, 90–95 % rel. Luftfeuchte.

Hinweise: Bei frühen Pflanzterminen Hummeln zur Bestäubung einsetzen, Pflanzen an Schnüren hochleiten.

Sorten: 'Cora'.

Kürbis: Patisson
Cucurbita pepo convar. *patissonina* (Cucurbitaceae, Kürbisgewächse)

Herkunft: Nördliches Mexiko, östliche USA.
Pflanze: Einjährig, frostempfindlich, buschförmig, flachgründiges Wurzelsystem.
Blatt: Ohne Marmorierung.
Blüte: Einhäusig, getrenntgeschlechtlich, groß, trichterförmig.
Nutzung: Kleine, unreife Früchte (flachrund, diskusförmig, am Rand gewellt, Fruchtfarbe weiß, gelb, hellgrün oder cremefarben) als Gemüse. Gedünstet, gebacken, gekocht, kleinfrüchtige wie Einlegegurken konserviert, Verzehr der männlichen Blüten möglich.
Gesundheitswert: Geringer Rohfaseranteil, gut verdaulich.
Standort: Humusreiche, lockere, leicht erwärmbare Böden, pH-Wert 6–7,5.
Klima: Optimale Lufttemperaturen 18–24 °C, <10 °C kein Wachstum.
Anbauzeitraum: JP unter Vlies ab 25. IV, ohne Bedeckung ab M V ins Freiland pflanzen, Direktsaat ab M V möglich.

Aussaat: Unter Glas ab E IV für Pflanzung M V in 7- bis 9-cm-Töpfe. Keimung bei 22 °C, dann 15–18 °C.
Pflanzung: 1,00 × 0,50–1,00 m, 1–1,5 Pfl./m².
Nährstoffentzug (g/10 kg Ertrag): N: 16, P: 2,6, K: 17, Mg: 1,6.
Düngung (g/m²): N: 10, P_2O_5: 3,0, K_2O: 10,2, MgO: 1,3; positiv 3–4 kg Stallmist/m².
Wasserbedarf (Niederschlag und Beregnung): Gleichbleibende Bodenfeuchte wichtig, bei Trockenheit A/M VI–M VIII vier- bis sechsmal 15 mm/Gabe.
Ernte: Unreife Früchte von 2,5–12,0 cm Durchmesser.
Lagerung: Maximal 1 Woche bei 7–10 °C, 90–95 % rel. Luftfeuchte.
Hinweise: 4-jährigen Fruchtwechsel einhalten. Reife Früchte als Zierkürbisse verwenden.
Sorten: 'Sunburst', 'Custard White'.

Kürbis: Speise- oder Riesen-Kürbis
Cucurbita maxima (Cucurbitaceae, Kürbisgewächse)

Herkunft: Südlicher Teil Amerikas.
Pflanze: Einjährig, mit 4–12 m langen Trieben, rankend, frostempfindlich, wärmeliebend.
Blatt: Groß, fast rund, kaum gelappt, wenig Stachelhaare.
Blüte: Einhäusig, männliche Blüten in Büscheln, weibliche einzeln stehend, Blütenkrone gold- bis sattgelb.
Nutzung: Früchte (bot. niedere Beere, festschalig, oft bis 80 kg schwer) als Gemüse. Zubereitung als Eintopf, Suppe, Auflauf, als Diätkost geeignet.
Gesundheitswert: Hoher Carotingehalt, gut bekömmlich, Kerne können Prostataleiden lindern.
Standort: Mittelschwere bis leichte, humusreiche, leicht erwärmbare Böden mit guter Struktur, pH-Wert 6,0–7,5.
Klima: Anbau in mitteleuropäischem Klima nach letzten Spätfrösten.
Anbauzeitraum: Pflanzung im Freiland ab M V.
Aussaat: Direktsaat ab V mit 0,3–0,5 Pfl./m^2. Für Pflanzung M V ab E IV unter Glas in 7- bis 8-cm-Töpfe aussäen. Keimung bei 20–24 °C.
Pflanzung: 1,50–2,00 × 1,00–1,50 m, im Hausgarten als Kompostbepflanzung.
Düngung (g/m^2): N_{min}-Sollwert: 12, P_2O_5: 8,2, K_2O: 22,2, MgO: 3,2, 3–4 kg/m^2 Stallmist positiv.
Wasserbedarf (Niederschlag und Beregnung): Gesamtwasserbedarf ist höher als bei Gurken. Bei Trockenheit ab M VII zusätzlich beregnen. Wasserstau vermeiden.
Ernte: Voll ausgereifte Früchte mit Stiel.
Lagerung: Gut ausgereifte Früchte bei 10–12 °C, 60–70 % rel. Luftfeuchte bis zu 6 Monate.
Hinweise: 4-jähriger Fruchtwechsel optimal.
Sorten: 'Gelber Zentner': Ernte ab E VIII.

▲ Hokkaido-Kürbis
Cucurbita maxima
'Uckiki Kuri': Orangerot gefärbter Kürbis mit länglichem Flaschenhals. Das ebenfalls orangerot gefärbte Fruchtfleisch ist sehr schmackhaft und durch hohen Carotingehalt gesundheitsfördernd.

▲ Hubbard-Kürbis
Cucurbita maxima convar. *hubbardina*
'Golden Hubbard': Spindelförmige Früchte von 2–4 kg Gewicht mit orangefarbener, leicht runzeliger Schale, mittelfrüh, kräftig rankend, mit süßlich schmeckendem, orangerotem Fruchtfleisch.

▼ Hubbard-Kürbis
Cucurbita maxima convar. *hubbardina*
'Blue Hubbard': Birnen- bis kreiselförmige Früchte mit graublauer Farbe und geriefter Schale.

▼ Turban-Kürbis oder Bischofsmütze
Cucurbita maxima convar. *turbaniformis*
'Bischofsmütze': Mit turbanartigen Früchten in rotweißen und grünweißen Farbkombinationen.
Weitere Sorte: 'Mini Red Turban' in rotweißer Färbung (kleinfrüchtiger Bischofsmützentyp).

Lavendel, Echter oder Echter Speik
Lavandula angustifolia ssp. *angustifolia* (Lamiaceae, Lippenblütler)

Herkunft: Westliches Mittelmeergebiet.
Pflanze: Ausdauernder verzweigter Halbstrauch, bis 60 cm hoch, mit stark entwickelter Pfahlwurzel, junge Triebe vierkantig.
Blatt: Schmal, länglich, ungestielt, am Rand eingerollt, untere Blätter silbergrau filzig, obere graugrün.
Blüte: Blauviolett, stark duftend, 6–10 Blüten im Scheinquirl. VII–IX.
Nutzung: Blüten, Blätter als Gewürz. Für Tee.
Gesundheitswert: Kräftig, aromatischer Geschmack aufgrund ätherischer Öle, Gerb-, Bitterstoffe, Harze, Saponin, den Stoffwechsel anregende, dabei beruhigende, krampflösende Wirkung.
Standort: Sandige, humose, trockene, leicht kalkhaltige Böden.
Klima: Sonnige, im Winter geschützte Lagen.
Anbauzeitraum: Direktsaat im V oder vorkultivierte JP verwenden, mehrjährig.

Aussaat: III–VI bei 18–25 °C unter Glas (oder Kopfstecklinge verwenden).
Pflanzung: 30 × 30 cm, 10–12 Pfl./m^2.
Düngung (g/m^2): Leichte Kompostgaben sind ausreichend, da Schwachzehrer.
Ernte: Blüten mit Stängel schneiden, wenn sie sich zu öffnen beginnen, bündeln und trocknen. Junge Triebe bis zum Blühbeginn schneiden.
Lagerung: Abgerebelte getrocknete Blüten gut verschlossen in dunklen Gläsern aufbewahren.
Hinweise: Pflanze nach der Blüte stark zurückschneiden. Blüten auch im Duftkissen oder als Öl verwenden.
Sorten: 'Echter Lavendel'.

Liebstöckel oder Maggikraut
Levisticum officinale (Apiaceae, Doldenblütler)

Herkunft: Iran und Afghanistan.
Pflanze: Mehrjährig, Stängel bis 2–3 m hoch, hohl, rund, im oberen Bereich verzweigt.
Blatt: Doppelt bis dreifach gefiedert; Oberseite glänzend, Unterseite stumpf graugrün, etwas lederartig.
Blüte: Im 2. Jahr, blassgelb, unscheinbar in Doppeldolden. VI–VIII.
Nutzung: Blätter als Gewürz. Sellerieartig schmeckende Blätter frisch, getrocknet, gemahlen, sowie Wurzel als Gewürz für Suppen, Gemüseeintöpfe, Braten, Fleischfüllungen, sparsam verwenden.
Gesundheitswert: Typischer Geruch durch in ätherischen Ölen enthaltene Phthalide, wirken appetitanregend, verdauungsfördernd, harntreibend.
Standort: Tiefgründige, humose Böden, pH-Wert 6–7.
Klima: Mitteleuropäischem Klima angepasst, sonnige bis halbschattige Lagen bevorzugt.

Anbauzeitraum: Direktsaat im Freiland E III–E IV oder im VIII. Ab A IV vorkultivierte JP verwenden.
Aussaat: Direkt mit 45–60 × 35–50 cm, für Blatternte geringere, für Wurzelernte größere Standweiten.
Pflanzung: 45–60 × 35–50 cm (siehe Aussaat).
Nährstoffentzug (g/10 kg Ertrag): N: 50, P: 6,2, K: 38, Mg: 5.
Düngung (g/m^2): N: 27,5, P_2O_5: 7,8, K_2O: 25,3, MgO: 4,6. N-Gabe nach jedem Schnitt mit Ausnahme des letzten.
Wasserbedarf (Niederschlag und Beregnung): Hoch, in Trockenzeiten zusätzliche Gaben.
Ernte: 4–6 Schnitte/Vegetationsperiode, im 1. Jahr maximal 3 Schnitte möglich.
Lagerung: Getrocknete Blätter, zerkleinerte, getrocknete Wurzeln in gut verschlossenen Gefäßen aufbewahren.

Linse
Lens culinaris (Fabaceae, Schmetterlingsblütler)

Herkunft: Vermutlich Südwestasien (Afghanistan).
Pflanze: Einjährig, buschig, verzweigt, aufrecht wachsend, 25–40 cm hoch.
Blatt: Paarig gefiedert, in kurzen Ranken endend.
Blüte: Klein, weiß, rötlich oder bläulich, geringe Zahl in Trauben. VI–VIII.
Nutzung: Linsen (abgeflachte dunkle Samen), z. T. junge Hülsen (Hülsen: rhombisch, seitlich zusammengedrückt, kurz, mit 1–2 abgeflachten dunklen Samen) als Gemüse. Keimlinge als Rohkost, Salatbeimischung, Suppeneinlagen, getrocknete Linsen in Linsensuppe, -brei, nahrhaft wie Trockenerbsen.
Gesundheitswert: Vitamin-, mineralstoffreich.
Standort: Kalkreiche, durchlässige, magere, gut erwärmbare Böden, ungeeignet sind schwere, nasse Böden.
Klima: Mitteleuropäisches Klima geeignet.
Anbauzeitraum: Direktsaat E IV–A V.
Aussaat: Reihenabstand 15–20 cm oder breitwürfig mit 6–9 g Saatgut/m^2 (kleinsamige Linsen), 8–11 g/m^2 (großsamige).
Düngung (g/m^2): Auf gut mit Nährstoffen versorgten Böden nicht erforderlich.
Wasserbedarf (Niederschlag und Beregnung): In Mitteleuropa ist Zusatzberegnung i.d.R. nicht erforderlich, bei extremer Witterung zur Blüte (VI/VII), einsetzender Fruchtbildung lohnen sich Wassergaben.
Ernte: Ab VIII.
Lagerung: Getrocknete Linsen sind unbeschränkt haltbar.
Hinweise: 5- bis 6-jährigen Fruchtwechsel einhalten. Anzucht von Keimsprossen möglich.

Majoran
Origanum majorana (Lamiaceae, Lippenblütler)

Herkunft: Östlicher Mittelmeerraum.
Pflanze: Mehrjährig, im mitteleuropäischen Klima einjährig, frostempfindlich, krautig, bis 40 cm hoch, stark verzweigt, Stängel vierkantig, schwach behaart.
Blatt: Klein (8–25 mm lang, bis 10 mm breit), kurz gestielt, rundlich, eiförmig, ganzrandig, gegenständig.
Blüte: Unauffällig, klein, rosa-weiß, in quirligen Ständen. E VI–IX.
Nutzung: Junge Blätter als süßlich-bitter schmeckendes Wurstgewürz, Küchengewürz zu allen fetten Speisen, Salaten, Pilzen.
Gesundheitswert: Wertvoll durch ätherische Öle, Gerb-, Bitterstoffe, regt Appetit, Verdauung an.
Standort: Leicht erwärmbare, lockere, humusreiche Böden, pH-Wert 5,6–7,2.
Klima: Sonnige, warme, geschützte Lagen.
Anbauzeitraum: Direktsaat ab E IV/A V; alternativ vorkultivierte JP ab M V pflanzen.

Aussaat: 30 Pfl./m^2, 25–30 × 15 cm, 0,5–1,0 cm tief (flach).
Pflanzung: 25–30 × 15–20 cm, 2 Pfl./Pflanzstelle, 40–45 Pfl./m^2.
Nährstoffentzug (g/10 kg Ertrag): N: 50, P: 5,7, K: 46, Mg: 5.
Düngung (g/m^2): N: 10 (in 2 Gaben), P$_2$O$_5$: 2,7, K$_2$O: 11, MgO: 1,7.
Wasserbedarf (Niederschlag und Beregnung): Bei Trockenheit beregnen.
Ernte: Bei gepflanztem Majoran 3 Schnitte E VII, A–M IX, E X–M XI möglich.
Lagerung: Getrocknet, gut verschlossen aufbewahren.
Hinweise: Topfkultur unter Glas in 9-cm-Töpfe.
Sorten: 'Deutscher Majoran': Knospenmajoran mit kurz gestielten, dicht behaarten Blättern, 'Französischer Majoran': Blatt- oder Staudenmajoran.

Mangold: Blatt- oder Schnitt-Mangold
Beta vulgaris ssp. *cicla* var. *cicla* (Chenopodiaceae, Gänsefußgewächse)

Herkunft: Ursprung der Wildform östlicher Mittelmeerraum und Vorderasien.

Pflanze: Zweijährig, 1. Jahr Bildung Blattrosette und schwach verdickter Wurzel als Rübe, 2. Jahr Bildung Blütenstand. Verträgt nur leichte bis mittlere Fröste.

Blatt: Spinatähnlich, groß, aber kleiner als bei Stiel-Mangold mit schmalerem Stiel.

Blüte: Grünlich, in Büscheln.

Nutzung: Blätter als Gemüse. Wie Spinat zubereitet, aber kräftiger im Geschmack.

Gesundheitswert: Wertvoll durch Mineralstoff-, Vitamin-C-, Carotin- und hohen Oxalsäuregehalt (letzteren durch Milch neutralisieren).

Standort: Humose, nährstoffreiche Böden mit guter Wasserführung, pH-Wert 6,8–7,2 (Sande ab 5,6).

Klima: In geschützten Lagen oder klimatisch begünstigten Gebieten überwintern.

Anbauzeitraum: Direktsaat M IV–A/M VI; alternativ vorkultivierte JP M V bis M VII pflanzen.

Aussaat: 20–30 cm Reihenabstand, 2–3 g Saatgut/m^2, 3–4 cm tief.

Pflanzung: 30×30 bis 40×30 cm, 8–11 Pfl./m^2.

Nährstoffentzug (g/10 kg Ertrag): N: 32, P: 4,5, K: 40, Mg: 3,6.

Düngung (g/m^2): N_{min}-Sollwert: 18, P_2O_5: 3,2, K_2O: 14,4, MgO: 1,8; 3 g N nach jedem Schnitt.

Wasserbedarf (Niederschlag und Beregnung): Für gleichmäßige Bodenfeuchte sorgen.

Ernte: Nach 7–10 Wochen, mehrfach Blätter unter Schonung der Herzblätter ernten.

Lagerung: Frisch verwenden. Kurzfristig bei 0–1 °C, 95–97 % rel. Luftfeuchte haltbar.

Sorten: 'Paros', 'Grüner Schnitt'. 'Lukullus' als Blatt- und Stiel-Mangold verwendbar.

Mangold: Stiel-Mangold
Beta vulgaris ssp. *cicla* var. *flavescens* (Chenopodiaceae, Gänsefußgewächse)

Herkunft: Wildform aus östlichem Mittelmeerraum und Vorderasien.
Pflanze: Zweijährig, mit schwach verdickter Wurzel als Rübe, verträgt nur leichte bis mittlere Fröste.
Blatt: Aufrecht, 30–60 cm lang, mit kräftigem, breitem, weißem, gelborangem oder rotem Stiel, Blätter bilden Rosette.
Blüte: Im 2. Jahr, grünlich in Büscheln.
Nutzung: Blattstiele als Gemüse. Wie Spargel zubereitet mit leicht nussartigem Aroma.
Gesundheitswert: Wertvoll durch Mineralstoff-, Vitamin-C-, Carotin- und hohen Oxalsäuregehalt (durch Milch neutralisieren).
Standort: Humose, nährstoffreiche Böden, mit guter Wasserführung, pH-Wert 6,8–7,2. (Sande ab 5,6).
Klima: Überwinterung geschützt, in klimatisch begünstigten Lagen.
Anbauzeitraum: JP ab M IV (mit zeitweiliger Folien- bzw. Vliesbedeckung), ohne Bedeckung ab M V–M VII pflanzen, Direktsaat möglich.
Aussaat: JP-Anzucht in Erdtöpfen, Keimung bei 18–20 °C, dann 16–18 °C. Direktsaat: Reihenabstand 30–40 cm, auf 15 cm in der Reihe vereinzeln.
Pflanzung: 30 × 30 bis 40 × 30 cm, 8–11 Pfl./m².
Nährstoffentzug (g/10 kg Ertrag): N: 32, P: 4,5, K: 40, Mg: 3,6.
Düngung (g/m²): N_{min}-Sollwert: 18, P_2O_5: 3,2, K_2O: 14,4, MgO: 1,8; 3 g N/m² nach jedem Schnitt.
Wasserbedarf (Niederschlag und Beregnung): Boden gleichmäßig feucht halten.
Ernte: Laufend äußere Blätter von Hand.
Lagerung: Frisch verwenden, kurzfristig bei 0–1 °C, 95–97 % rel. Luftfeuchte haltbar.
Hinweise: Dünne Haut der Stiele vor dem Zubereiten entfernen.
Sorten: 'Lukullus', 'Bright Lights'.

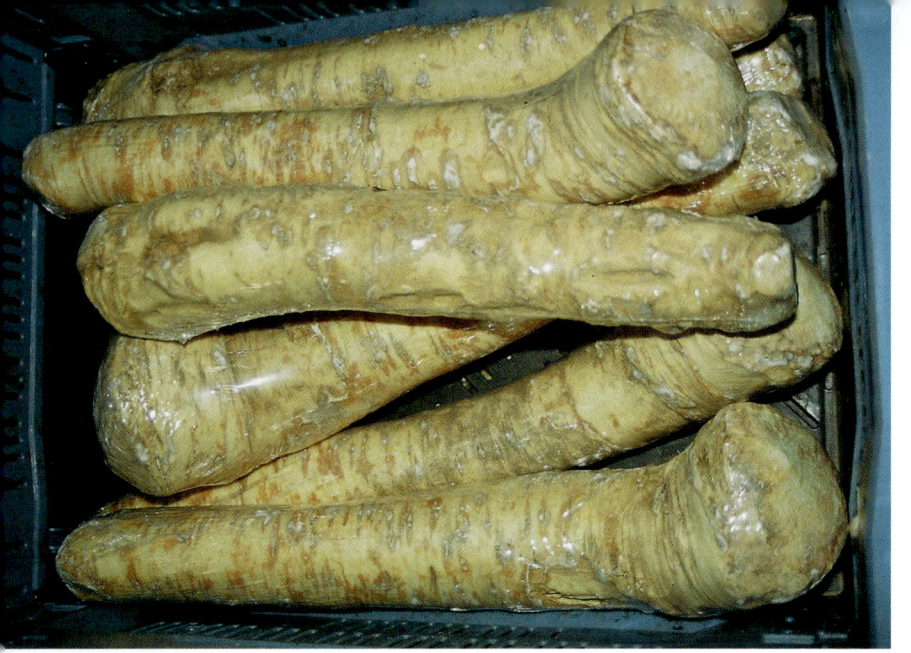

Meerrettich
Armoracia rusticana (Brassicaceae, Kreuzblütler)

Herkunft: Südosteuropa, Westasien.
Pflanze: Ausdauernd, winterfest, einjährig kultiviert, mit Blattrosetten- und Wurzelbildung.
Blatt: Grundständig, langoval, lang gestielt, leicht gekerbt.
Blüte: Im 2. Jahr, an bis zu 1,50 m hohem, verzweigtem Blütenspross, weiß. V–VII.
Nutzung: Als Wurzelgemüse (Wurzel 4–8 cm dick, bis zu 40 cm lang, gelb- oder hellbraun, innen weiß bis weißgelb, sehr fest, ist sog. Stange). In geriebener Form als Beilage z. B. zu Fischgerichten.
Gesundheitswert: Senföle (Allyl-, Butylsenföl) sind geruchs- und geschmacksbildend, wertvoll durch Vitamin C („Zitrone des Nordens"), Kalium-, Calciumgehalt, wirkt appetit-, kreislaufanregend, verdauungsfördernd, harntreibend, blutdrucksenkend.
Standort: Humose, mittelschwere, tiefgründige Böden, pH-Wert 6–7.
Klima: Mitteleuropäischem Klima angepasst.
Anbauzeitraum: Speziell kultivierte Wurzelstücke (Fechser) E III und IV pflanzen, Kulturdauer 6–8 Monate.
Pflanzung: 55–100 × 50 cm, 2,5–3,5 Pfl./m².
Nährstoffentzug (g/10 kg Ertrag): N: 60, P: 9, K: 62, Mg: 3.
Düngung (g/m²): N_{min}-Sollwert: 30, P_2O_5: 2,1, K_2O: 7,5, MgO: 0,5.
Wasserbedarf (Niederschlag und Beregnung): Von VII–IX in Trockenzeiten beregnen.
Ernte: IX–IV, erst mit absterbendem Laub beginnen.
Lagerung: Bei 0 bis –1 °C, 95 % rel. Luftfeuchte oder im kühlen Keller.
Hinweise: 4-jährigen Fruchtwechsel einhalten.
Sorten: Zum Beispiel 'Badischer', häufig nach Herkünften benannt.

Melone: Wassermelone
Citrullus lanatus var. *vulgaris* (Cucurbitaceae, Kürbisgewächse)

Herkunft: Steppengebiete Afrikas.
Pflanze: Einjährig, krautig, rankend, wärmebedürftig.
Blatt: Tief gelappt, schwach blaugrün.
Blüte: Gelb, 3,5–4,0 cm groß.
Nutzung: Als Fruchtgemüse (Form, Größe, Schalen-, Fruchtfleischfarbe sortenabhängig). Als Obst, Kompott, Saft mit süßlichem Geschmack, erfrischende durstlöschende Wirkung.
Gesundheitswert: Geringer Energiegehalt, geringe Gehalte an Zucker, Vitamin C, Mineralstoffen, bei rotfleischigen Sorten höherer Lycopingehalt als bei Tomaten.
Standort: Leichte bis mittlere, wasserspeichernde und -durchlässige Böden mit hohem Anteil an organischer Masse.
Klima: Tagesdurchschnittstemperaturen 21–29,5 °C, <18 °C gestörtes Wachstum möglich, in Mitteleuropa nur in Gebieten mit Weinbauklima, geschützte Lagen.
Anbauzeitraum: JP ab M IV ins Kalthaus, ab M V (zeitweilig unter Vlies) bis M/E VI ins Freiland pflanzen. Direktsaat unüblich.
Aussaat: Unter Glas ab 25. III (für Pflanzung M IV) in 6- bis 8-cm-Töpfe, Dauer JP-Anzucht 15–20 Tage.
Pflanzung: 1,50–2,50 × 0,60–0,80 m, 1 Pfl./m².
Düngung (g/m²): N: 8–14, P_2O_5: 6–8, K_2O: 10–15; N und K in mehreren Gaben.
Wasserbedarf (Niederschlag und Beregnung): Bei Bedarf auch im Freiland in warmen, heißen Regionen beregnen.
Ernte: Ab A VII, 75–95 Tage nach Pflanzung. Reife erreicht, u. a. wenn Früchte beim Klopfen hohl klingen.
Lagerung: Bei 8–15 °C schonend aufbewahrt 2–3 Wochen.
Hinweise: Anbau auf Mulchfolie, keine Schnittmaßnahmen.
Sorten: 'Sugar Baby', 'Crimson Sweet'.

Melone: Zucker-Melone
Cucumis melo (Cucurbitaceae, Kürbisgewächse)

Herkunft: Tropisches, subtropisches Westafrika.
Pflanze: Einjährig, krautig, rankend.
Blatt: Rundlich bis fünfeckig, schwach bis tief gelappt, beidseitig schwach behaart.
Blüte: Gelb, 1,5–2,5 cm groß, männlich, weiblich oder zwittrig.
Nutzung: Als Fruchtgemüse. Aromatischer, unverwechselbarer Eigengeschmack.
Gesundheitswert: Mit hohem Kohlenhydratgehalt, hohem Energie- und Carotingehalt, wenig Äpfel-, Zitronensäure.
Standort: Tiefgründige, lockere, gut durchlüftete Böden, pH-Wert 6–7,5.
Klima: Weinbauklima, besser unter Glas oder im Folienhaus kultivieren (> 18 °C).
Anbauzeitraum: JP ab M IV ins Kalthaus, ab A V ins Folienhaus, nur bei günstigen Bedingungen E V–M VI ins Freiland pflanzen.
Aussaat: Unter Glas ab 25. III (für Pflanzung M IV) in 5- bis 7-cm-Topf, Keimung bei 25 °C, bis zum Stadium gut entwickelter Keimblätter 22–25 °C/20 °C, dann 18–25 °C/15–20 °C (Tag-/Nachttemperaturen).
Pflanzung: 1 Pfl./m^2, z. B. 1,50 × 0,80 m.
Nährstoffentzug (g/10 kg Ertrag): N: 15, P: 3, K: 25, Mg: 3.
Düngung (g/m^2): N: 3, P$_2$O$_5$: 1,4, K$_2$O: 6, MgO: 1; N und K in mehreren Gaben.
Wasserbedarf (Niederschlag und Beregnung): Häufige, regelmäßige, der Entwicklung angepasste Gaben, höchster Bedarf von Fruchtansatz bis Ende Größenwachstum.
Ernte: Ab M VII, ca. 85–110 Tage nach Pflanzung, u. a. wenn das Blatt unmittelbar vor der Frucht abzusterben beginnt.
Lagerung: Bei voller Reife 2–4 Tage bei 7–10 °C.
Hinweise: Anbau auf Mulchfolie, Aufleiten an Spanndrähten.
Sorten: 'Marlene'.

▲ **Honig-Melone**
Cucumis melo Inodorus Grp.
Früchte mit glatter, dünner, nicht genetzter, zitronengelber bis leicht grünlicher Schale, oft länglich, weißliches bis leicht grünes, sehr süßes Fruchtfleisch, lange haltbar. Anbau u. a. in Spanien, Israel.

▼ **Netz- oder Muskat-Melone**
Cucumis melo Reticulatus Grp.
Galia-Melone als Variante mit gelblich grün genetzter Schale und hellgrünem Fruchtfleisch. Anbau in Südeuropa, bei uns vereinzelt.

Möhre: Bundmöhre
Daucus carota ssp. *sativus* (Apiaceae, Doldenblütler)

Herkunft: Vorderasien.
Pflanze: Zweijährig, kältetolerant.
Blatt: Doppelt bis dreifach gefiedert, im 1. Jahr grundständig.
Blüte: Im 2. Jahr, cremefarben in Dolden, bis 1,50 m hoher Blütenstand.
Nutzung: Wurzel (verdickte Pfahlwurzel mit großem inhaltsstoffreichem Rinden- und kleinem Holzkörperanteil) als Gemüse. Roh, gekocht, als Saft, konserviert verwendbar, für Diätkost, Kleinst- und Kleinkindernahrung.
Gesundheitswert: Von allen Gemüsearten mit höchstem Carotingehalt, reich an Vitamin C, Zucker, geschmacksbildend sind ätherische Öle, Fruchtsäuren, erhöht natürliche Widerstandskraft, wirkt harntreibend, verdauungsfördernd.
Standort: Tiefgründiger, steinfreier Sand bis Lehmboden, pH-Wert um 6.
Klima: Mittel-, westeuropäischem Klima angepasst.

Anbauzeitraum: Direktsaat unter Glas 10. X–E X (Ernte E IV–M V), A I–A III (Ernte 5. V–20. V), unter Folie II–E III und von A IV–M/E VII ins Freiland.
Aussaat: Unter Glas 100 Pfl./m^2, im Freiland 150–200 Pfl./m^2, 20–30 cm Reihenabstand, 2 cm tief.
Nährstoffentzug (g/10 kg Ertrag): N: 17, P: 4, K: 40, Mg: 2.
Düngung (g/m^2): N_{min}-Sollwert: 7–9, P_2O_5: 5,5, K_2O: 29, MgO: 2; z.B. NP: 20, Kalimagnesia: 30 als Grunddüngung, NP: 40 als Kopfdüngung.
Wasserbedarf (Niederschlag und Beregnung): 300 mm (frühe Möhren), 450–500 mm (späte), höchster Bedarf bei Rübenbildung.
Ernte: Im Freiland M/E V–M/E VII.
Lagerung: Bei 0 °C, >97 % rel. Luftfeuchte bis zu 14 Tage haltbar.
Hinweise: 4- bis 5-jährige Anbaupause.
Sorten: 'Laguna', 'Finaro' (Typ Nantaise).

Möhre: Waschmöhre
Daucus carota ssp. *sativus* (Apiaceae, Doldenblütler)

Herkunft: Vorderasien.
Pflanze: Zweijährig, mit sich verdickender Pfahl- und dünnen Seitenwurzeln.
Blatt: Doppelt bis dreifach gefiedert, im 1. Jahr grundständig.
Blüte: Im 2. Jahr, cremefarben in Dolden.
Nutzung: Wurzel (verdickte Pfahlwurzel mit großem inhaltsstoffreichem Rinden- und kleinem Holzkörperanteil) als Gemüse. Roh, gekocht, als Saft, konserviert für Diätkost, Kleinst-, Kleinkindernahrung.
Gesundheitswert: Von allen Gemüsearten mit höchstem Carotingehalt, reich an Vitamin C, Zucker, geschmacksbildend sind ätherische Öle, Fruchtsäuren, Wirkung siehe Bundmöhre.
Standort: Tiefgründiger, steinfreier Sand bis Lehmboden ohne Verdichtungen oder Pflugsohlen, pH-Wert um 6.
Klima: Mittel-, westeuropäischem Klima angepasst.
Anbauzeitraum: Direktsaat ab A II (zeitweilig mit Folie), A IV bis 10. VII ins Freiland.
Aussaat: 150–250 Korn/m^2, (120–180 Pfl./m^2), Abstand 30–40 × 2–4 cm, 2 cm tief.
Nährstoffentzug (g/10 kg Ertrag): N: 13, P: 3,5, K: 35, Mg: 1,5.
Düngung (g/m^2): N_{min}-Sollwert: 7 bis 10, P_2O_5: 7,3, K_2O: 38, MgO: 2,3; z. B. NP: 20, Kalimagnesia: 30 als Grunddüngung, NP: 40 als Kopfdüngung.
Wasserbedarf (Niederschlag und Beregnung): 300 mm (frühe Möhren), 450–500 mm (späte Möhren), höchster Bedarf bei Rübenbildung.
Ernte: M/E VI bis A/M X, Lagermöhren ab E X.
Lagerung: Bei 0 °C, >97 % rel. Luftfeuchte halten Lagermöhren 5–6 Monate.
Hinweise: 4- bis 5-jährige Anbaupause einhalten.
Sorten: 'Napoli', 'Napa' (Typ Nantaise).

Neuseeländer Spinat
Tetragonia tetragonioides (Aizoaceae, Eiskrautgewächse)

Herkunft: Neuseeland, vermutlich auch von den Küsten Süd-, Westaustraliens.
Pflanze: In Mitteleuropa einjährig, in Heimatgebieten mehrjährig, 25–50 cm hoch, auf dem Boden wachsend, mit über 1 m langen Trieben.
Blatt: Rhombisch-dreieckig, fleischig.
Blüte: Klein, vielstrahlig, zwittrig, kurz gestielt.
Nutzung: Als Blattgemüse. Mit spinatähnlichem, aber würzigerem Geschmack, Rohverzehr junger Triebe möglich.
Gesundheitswert: Wertbestimmende Inhaltsstoffe ähnlich Spinat.
Standort: Lockere, humusreiche Böden mit guter Wasserhaltekraft, pH-Wert 6–7,5.
Klima: Warme Lagen bevorzugt.
Anbauzeitraum: Vorkultivierte, abgehärtete JP nach Maifrösten pflanzen. Direktsaat in wärmeren Gebieten möglich (zeitweilige Vlies- bzw. Folienbedeckung).

Aussaat: 40–50 g Saatgut/100 m² direkt mit 80–100 cm Reihenabstand, 2–3 cm tief, nach Auflaufen vereinzeln. Zur JP-Anzucht E III–A IV in 6- bis 9-cm-Töpfe, Topfpaletten, 3–4 Korn/Topf ablegen, Saatgut vorquellen.
Pflanzung: 2–4 Pfl./m², Abstand 80–100 × 35–45 cm.
Nährstoffentzug (g/10 kg Ertrag): N: 20, P: 3, K: 30, Mg: 4.
Düngung (g/m²): N_{min}-Sollwert: 10, P_2O_5: 2, K_2O: 11, MgO: 2.
Wasserbedarf (Niederschlag und Beregnung): M VI–E VIII bei Trockenheit drei- bis viermal 10–15 mm.
Ernte: E VI/A VII bis zum ersten Frost, Blätter, 8 cm lange Endspitzen schneiden.
Lagerung: Bei 0 °C, 95–97 % rel. Luftfeuchte wenige Tage.
Hinweise: Neigt im Langtag nicht zum Schossen.
Sorten: 'Neuseeländer'.

Okra oder Lady's Fingers
Abelmoschus esculentus (Malvaceae, Malvengewächse)

Herkunft: Wahrscheinlich tropisches Hochland Ostafrikas.
Pflanze: Mehrjährig, bei uns einjährig, krautartig, aufrecht 0,60–2,00 m hoch.
Blatt: Wechselständig, groß, geteilt in 3–7 Lippen, gezähnte oder gekerbte Ränder.
Blüte: Einzeln in Blattachseln, an 1,5–2,5 cm langem Stiel, groß, auffallend gelb mit tief rötlich-purpurfarbenem Fleck auf den Klauen.
Nutzung: Früchte (10–30 cm lang, schnabelförmig, am Ende spitz auslaufend) als Gemüse. Gekocht, gebraten mit mildem, aromatischem Geschmack, gemahlen als Kaffeebohnenersatz, als Schonkost. Schleimbildung durch Kochen in Salzwasser vermeiden.
Gesundheitswert: Samen enthalten bis zu 20 % Fett, Okrakapseln mit Mineralstoffen (u. a. Kalium) und u. a. Vitamin C.
Standort: Gut dränierte, tief gelockerte, sandige, gut erwärmbare Lehme, pH-Wert 6–7,5.

Klima: Hohe Temperaturansprüche, Anbau nur in Weinbauklima unter Vlies/Folie oder unter Glas.
Anbauzeitraum: JP ab M V ins Freiland, unter Glas ab M III pflanzen. Direktsaat möglich, aber nicht zu empfehlen.
Aussaat: 60–100 × 30–60 cm, 3–4 cm tief, zu JP-Anzucht 3 Körner/8- bis 10-cm-Topf, Keimung bei 22–28 °C in ca. 10 Tagen.
Pflanzung: 60–100 × 30–60 cm, 2–6 Pfl./m^2.
Düngung (g/m^2): N: 9–12 in 2–3 Gaben, P und K abhängig von Bodenvorrat.
Wasserbedarf (Niederschlag und Beregnung): Für gleichmäßige Feuchte sorgen.
Ernte: Unreife Früchte ca. 8–10 Wochen nach Aussaat.
Lagerung: Flach ausgebreitet bei 7–8 °C, 90–95 % rel. Luftfeuchte 2–6 Tage.
Sorten: 'Sonnenliebe'.

Oregano oder Dost
Origanum vulgare ssp. *vulgare* (Lamiaceae, Lippenblütler)

Herkunft: In Europa, gemäßigtem Asien beheimatet.
Pflanze: Ausdauernd, 30–60 cm hohe Staude mit dicht behaartem, etwas rötlichem, vierkantigem Stängel.
Blatt: Kreuzgegenständig, breit eiförmig, ganzrandig oder schwach gekerbt, mit dichtem Haarfilz.
Blüte: Kurz gestielt in endständigen trugdoldigen Rispen. VI–VIII.
Nutzung: Als Würzkraut. Frisch, getrocknet, gerebelt, gemahlen zu Tomaten-, Fleisch-, Fisch-, Grillgerichten, volle Aromaentfaltung erst beim Mitkochen.
Gesundheitswert: Wertvoll durch ätherische Öle (u. a. Thymol, Carvacol), Bitter-, Gerbstoffe, krampf-, schleimlösende Wirkung, entzündungshemmend.
Standort: Durchlässige, nicht zu Staunässe neigende Böden, pH-Wert 6,2–7,4.
Klima: Warme, vollsonnige Lagen optimal.

Anbauzeitraum: Direktsaat M–E IV, vorkultivierte JP in V pflanzen, Anlage 3–4 Jahre nutzen.
Aussaat: 35–50 × 35–45 cm, 3–5 g Saatgut/10 m^2, 0,5 bis maximal 1 cm tief, anwalzen, JP-Anzucht unter Glas mit Aussaat ab III, Keimung bei 15–18 °C.
Pflanzung: 35–50 × 35–45 cm, 6 Pfl./m^2.
Nährstoffentzug (g/10 kg Ertrag): N: 60, P: 8, K: 50, Mg: 5.
Düngung (g/m^2): N: 9 in mehreren Gaben, P$_2$O$_5$: 2,7, K$_2$O: 9, MgO: 1,3.
Ernte: Für Frischverbrauch Spitzen laufend ernten, im Erwerbsbau ab 2. Jahr 2 (bis 3) Schnitte: A VII, E VIII (E VI, A VIII, A/M IX).
Lagerung: Getrocknet, eingefroren, in Öl eingelegt.
Hinweise: Anbau als Topfkraut unter Glas möglich.

Pak Choi oder Chinesischer Senf-Kohl
Brassica rapa ssp. *chinensis* (Brassicaceae, Kreuzblütler)

Herkunft: Südostasien.
Pflanze: Im gemäßigten Klima einjährige, im Herkunftsland zweijährige Langtagpflanze.
Blatt: Glatt, ganzrandig, grundständig, mit fleischig verdicktem Stiel (ähnlich Mangold), weich, druckempfindlich.
Nutzung: Als Blatt-, Stielgemüse. Gekocht, kurz blanchiert, nussartiger Geschmack.
Gesundheitswert: Bedeutsamer Gehalt an Vitamin C, Eisen.
Standort: Humose Böden mit gutem Wasserhaltevermögen, pH-Wert 6,5–7,5.
Klima: Mittel-, westeuropäisches geeignet.
Anbauzeitraum: Satzweise unter Glas von A II–A III und von E VIII–A IX, im Freiland mit zeitweiliger Folien-/Vliesbedeckung ab E IV bis 20. VIII pflanzen. Direktsaat bis E VII–A VIII möglich.
Aussaat: JP-Anzucht in Erdpresstöpfen, Dauer: 18–25 Tage, Keimung bei 20 °C, dann 12–16 °C.
Pflanzung: 10–13 Pfl./m^2, z. B. 40–50 × 20 cm; unter Glas 25 × 25 cm, 16 Pfl./m^2.
Nährstoffentzug (g/10 kg Ertrag): N: 25, P: 4, K: 25, Mg: 2.
Düngung (g/m^2): Wie China-Kohl, aber geringerer N_{min}-Sollwert: 15, P_2O_5: 6,4, K_2O: 21, MgO: 1,2.
Wasserbedarf (Niederschlag und Beregnung): Bei Bedarf mit 15 mm/Gabe beregnen.
Ernte: Bei 300–500 g Gewicht, ca. 6–8 Wochen nach Pflanzung, 7–9 Wochen nach Direktsaat.
Lagerung: Bei 0–0,5 °C mit Folienbedeckung bis 4 Wochen.
Hinweise: Ausgeprägte Empfindlichkeit gegen Kohlhernie, nicht nach Kreuzblütlern anbauen, Kulturschutznetz gegen Kohlfliege einsetzen.
Sorten: 'Weißer Chinesischer Typ', 'Suppenlöffeltyp'.

Paprika
Capsicum annuum (Solanaceae, Nachtschattengewächse)

Herkunft: Tropen Amerikas.
Pflanze: Einjährig kultiviert, wärmebedürftig, frostempfindlich, 1,50 m hoch, sympodiales Wachstum, d. h., nach 9–11 Blättern endet Stängel in Endknospe, aus Achsel des obersten Knotens entstehen neue Triebe.
Blatt: Länglich-oval bis eiförmig, am Grunde keilförmig, gestielt.
Blüte: Zwittrig, weiß mit blauen Antheren. VI–VIII.
Nutzung: Frucht (bot. Beere) als Gemüse. Vielseitig zu Salaten, als Gemüsebeilage, Gewürz-Paprika mit scharfem Geschmack, Paprikapulver u. a. zu Soßen, Fleisch, Geflügel, Pizza.
Gesundheitswert: Neben Petersilie mit höchstem Vitamin-C-Gehalt, bei roten Früchten höherer Carotin-, Vitamingehalt, geringerer Eisengehalt als bei grünen, regt Appetit, Verdauung an, stärkt Immunsystem, wirkt antikarzinogen.

Standort: Tiefgründiger Boden mit guter Struktur, pH-Wert 5,5–6,5.
Klima: Im Freiland nur im Weinbauklima.
Anbauzeitraum: JP gebietsweise ab E IV, sonst ab M V ins Freiland pflanzen.
Aussaat: M II für Pflanzung A V in 8-cm-Töpfe, Keimung bei 25–30 °C, dann 20–25 °C.
Pflanzung: 40×60 cm, 4 Pfl./m².
Nährstoffentzug (g/10 kg Ertrag): N: 30, P: 3, K: 30, Mg: 3.
Düngung (g/m²): N_{min}-Sollwert: 16, P_2O_5: 1,6, K_2O: 9, MgO: 1,3, chloridarme Dünger bevorzugen.
Wasserbedarf (Niederschlag und Beregnung): Bis zum Fruchtansatz sparsam wässern, dann steigender Bedarf.
Ernte: Ab ca. 8 Wochen nach Pflanzung bis IX.
Lagerung: Bei 8–9 °C, 90–95 % rel. Luftfeuchte 2 Wochen.
Hinweise: Vlieseinsatz bei frühen Sätzen.

Paprika (Treib-)
Capsicum annuum (Solanaceae, Nachtschattengewächse)

Herkunft: Tropen Amerikas.
Pflanze: Einjährig kultiviert, wärmebedürftig, mit Schnittmaßnahmen bis 3 m hoch.
Blatt: Länglich-oval bis eiförmig, am Grunde keilförmig, gestielt.
Blüte: Zwittrig, weiß mit blauen Antheren.
Nutzung: Als Fruchtgemüse. Roh, gekocht verwendbar, Gewürz-Paprika frisch, eingelegt, als Pulver zu Suppen, Soßen, Fleisch, Geflügel, Pizza, von edelsüß bis beißend scharf schmeckend.
Gesundheitswert: Inhaltsstoffe, Wirkung siehe Freilandpaprika (Seite 114).
Standort: Tiefgründiger Boden mit guter Struktur, pH-Wert 5,5–6,5
Klima: Bis zur 1. Ernte 22–23/17–21 °C (Tag/Nacht), dann 22–25/(15)–18 °C (Tag/Nacht), lüften ab 25–27 °C, < 15 °C Wachstumsstörungen.
Anbauzeitraum: JP ab 20. II ins temperierte Haus, ab A V ins Kalthaus pflanzen.

Aussaat: Ca. 9–11 Wochen vor Pflanzung in Multitopfplatten oder 8-cm-Töpfe, Keimung bei 25–30 °C (14 Tage), dann 20–25 °C.
Pflanzung: 3 Pfl./m^2, 50 + 110 (Doppelreihe) × 50 cm.
Nährstoffentzug (g/10 kg Ertrag): N: 26, P: 3, K: 30, Mg: 2.
Düngung (g/m^2): Angepasst an Ertrag (5–20 kg/m^2), bei Versorgungsstufe C wöchentlich N: 1,4, K$_2$O: 1,9; Flüssigdüngung.
Wasserbedarf (Niederschlag und Beregnung): Im täglichen Mittel bis 2,5–3,0 l/m^2, auf gleichmäßige Versorgung achten.
Ernte: Bei Grünreife im temperierten Haus ab A IV, nach ca. 5–6 Wochen, im Kalthaus nach ca. 60 Tagen ab E VI.
Lagerung: Gemüse-Paprika bei 8–9 °C, 90–95 % rel. Luftfeuchte 2 Wochen.
Hinweise: 2- bzw. 3- (bis 4)-triebige Kultur an Stäben, in Netzen.

▲ Gemüse-Paprika
Capsicum annuum var. *grossum*
'Goldflame': Frühe, von Grün nach Gelb abreifende, blockförmige Paprikafrucht, süß-mild schmeckend.
'Cartago', 'Evident': Von Grün nach Rot abreifende, blockförmige Paprikafrucht. 'Evident' ist auch für den Freilandanbau geeignet.
'Tequila': Von Violett nach Rot abreifende, blockförmige Paprikafrucht.
'Purpleflame': Reift von Violett nach Dunkelrot ab und ist für Freiland- und Gewächshausanbau geeignet.

▲ Gewürz-Paprika, auch Peperoni oder Spanischer Pfeffer
Capsicum annuum var. *longum*
'Agio': Mit gelben, langen und dicken Früchten und scharfem Geschmack.

▼ (links) 'Toscana': Mit grünen/roten, spitzen, länglichen, zuckersüßen Früchten, auch für den Freilandanbau geeignet.

▼ (rechts) Chillies oder Tabasco
Capsicum frutescens mit kurzen, sehr scharfen Früchten.

Pastinake
Pastinaca sativa (Apiaceae, Doldenblütler)

Herkunft: Wildform in Europa und Asien verbreitet.

Pflanze: Zweijährig, 1. Jahr Bildung von Blattrosette, weißfleischiger Rübe, 2. Jahr: Blütenstandbildung, Kälte (2–10 °C für 6–10 Wochen) ist für den Übergang von vegetativer in generative Phase erforderlich.

Blatt: Grundständig, einfach gefiedert, eiförmig-länglich, Oberseite meist glänzend, Unterseite weichhaarig.

Blüte: Gelb, in zusammengesetzten Dolden an bis 1,20 m hohem Blütenstand. VII–VIII.

Nutzung: Wurzel (gelbweiß bis gelblichbräunlich) als Koch-, Suppen-, Salatgemüse, daneben Blätter als Gewürz mit süßlichem, würzigem, mitunter herbem Geschmack.

Gesundheitswert: Ätherische Öle geschmacksbestimmend, wirkt harntreibend, appetitanregend.

Standort: Lehmige, humose, tiefgründige Böden, pH-Wert 5,5–7,0.

Klima: Mitteleuropäischem Klima angepasst; maritimes Klima optimal.

Anbauzeitraum: Direktsaat im Freiland ab A III unter Folie, A IV–M V ins Freiland.

Aussaat: 25 Pfl./m^2; Abstand 40–50, maximal 60 × 10–12 cm, 2–3 cm tief; Keimung bei 9–22 °C.

Nährstoffentzug (g/10 kg Ertrag): N: 21, P: 7, K: 50, Mg: 2 (Pastinakewurzeln).

Düngung (g/m^2): N_{min}-Sollwert: 6, P_2O_5: 9,2, K_2O: 29, MgO: 3,5, Hauptbedarf an N VII, VIII.

Wasserbedarf (Niederschlag und Beregnung): Bei Trockenheit im VII, VIII mit 15–20 mm/Gabe beregnen.

Ernte: X bis ins Frühjahr.

Lagerung: In Mieten/Kellern eingeschlagen möglich, bei 0 °C, >97 % rel. Luftfeuchte bis zu 6 Monate.

Sorten: 'White Gem', 'Javelin', 'White Diamand'.

Pepino oder Birnenmelone
Solanum muricatum (Solanaceae, Nachtschattengewächse)

Herkunft: Mittel-, Südamerika.
Pflanze: Bei frostfreier Überwinterung mehrjährig, sonst einjährig, strauchartiges Wachstum, bis 1 m hoch.
Blatt: Einfach bis mehrfiedrig, kartoffelkrautähnlich, meist lanzettlich ungeteilt.
Blüte: Zwittrig, temperaturabhängig tiefblau bis weiß.
Nutzung: Frucht (bot. Beere, mit 1 oder 2 Fruchtkammern, ei-, kugelförmig oder länglich, meist 150–300 g schwer) als Gemüse. Roh, wie Apfel geschält, verzehrt mit süßem, saftigem, melonenartigem Geschmack.
Gesundheitswert: Reich an Vitamin C, energiearm.
Standort: Keine besonderen Anforderungen.
Klima: Im mitteleuropäischen Klima in geschützten Lagen (Südwände, Balkone) möglich, Tag 18–25 °C, Nacht 10–15 °C.
Anbauzeitraum: I–X im beheizten Haus, ab M–E V ins Kalthaus und Freiland pflanzen.
Aussaat: Möglich, üblich ist vegetative Vermehrung mittels Stecklingen E II–A III für Pflanzung M/E V und im Herbst für I-Pflanzung, 20–24 °C, 85–95 % rel. Luftfeuchte.
Pflanzung: 2 Pfl./m^2, z. B. 100 × 50 cm.
Düngung (g/m^2): Gleichmäßiges Nährstoffangebot, 6 Wochen nach Pflanzung wöchentlich nachdüngen.
Wasserbedarf (Niederschlag und Beregnung): Gleichmäßige Wasserversorgung.
Ernte: Bei früher Pflanzung nach 10–12 Wochen, bei V-Pflanzungen nach ca. 8 Wochen, bei gelboranger Fruchtfärbung.
Lagerung: Bei 15–20 °C bis 3 Wochen.
Hinweise: 2- bis 3-jährige Anbaupause, unter Glas 2-triebiger Anbau an Schnüren optimal, auch als Ampelpflanze.

Petersilie: Blatt-Petersilie
Petroselinum crispum var. *crispum* (Apiaceae, Doldenblütler)

Herkunft: Südöstlicher Mittelmeerraum.

Pflanze: Zweijährig, bis 35 cm hoch.

Blatt: Doppelt bis dreifach gefiedert, kraus oder glatt an langem gerilltem Stiel. Blätter bilden Halbrosette.

Blüte: Im 2. Jahr, klein, weiß, in Doppeldolden, bis 80 cm hoch. VI–VII.

Nutzung: Blätter als Küchenkraut. In Salaten, Suppen, Gemüsegerichten, als Dekoration.

Gesundheitswert: Sehr hoher Vitamin-C-, hoher Carotin-, beachtlicher Calcium- und Eisengehalt, mit ätherischen Ölen, harntreibend, appetitanregend, verdauungsfördernd.

Standort: Mittelschwere, humusreiche, tiefgründige Böden, pH-Wert 6–7.

Klima: Mäßige Temperaturen, vollsonnige Lagen.

Anbauzeitraum: Direktsaat ins Freiland (zeitweilig mit Folie) von A III–A IV und A VII–A IX; A V–E VI ohne Bedeckung. Vorkultivierte JP M III–A IV pflanzen.

Aussaat: M I (für Pflanzung M III) 3–5 Korn/4-cm-Erdpresstopf, Kultur bei 15 °C (tags), 10 °C (nachts). Bei Direktsaat 130–160 Pfl./m^2, 25–40 cm Reihenabstand, 2–3 cm tief.

Pflanzung: 20–33 Töpfe/m^2, z. B. 30–50 × 10 cm.

Nährstoffentzug (g/10 kg Ertrag): N: 45, P: 5, K: 55, Mg: 2.

Düngung (g/m^2): N_{min}-Sollwert: 19 (bei Pflanzung), P_2O_5: 6,4, K_2O: 37,1, MgO: 2,2, nach jedem Schnitt 6–8 g N/m^2.

Wasserbedarf (Niederschlag und Beregnung): 400–600 mm, M VI–E VIII bei Bedarf beregnen.

Ernte: 3–4 Ernten möglich, bei M-III-Pflanzungen ab A V.

Lagerung: Frisch verwenden, gewaschen in Folie bei −1 bis 0 °C, 95 % rel. Luftfeuchte.

Sorten: Kraus: 'Grüne Perle', 'Mooskrause', glatt: 'Einfache Glatte'.

Petersilie: Wurzel-Petersilie
Petroselinum crispum var. *tuberosum* (Apiaceae, Doldenblütler)

Herkunft: Südöstlicher Mittelmeerraum.
Pflanze: Zwei- und mehrjährig. Im 1. Jahr Bildung Blattrosette, fleischige Rübe, 2. Jahr Blüte.
Blatt: Lang gestielt, glänzend, gefiedert (1. Jahr), im 2. Jahr ganzrandig, lineal-lanzettlich.
Blüte: Klein, gelblich grün, in zusammengesetzten Dolden an 80–100 cm hohem, hohlem, fein gerilltem Stängel. VI–VII.
Nutzung: Laub (würzig, aromatisch), Wurzel (frosthart, spindelförmig, gelblich weiße Pfahlwurzel 10–20 cm lang, 2,5 cm dick) als Gemüse. Wurzel als Beilage; für Diätküche.
Gesundheitswert: Wertvoll durch sehr hohen Vitamin-C-, hohen Carotin-, beachtlichen Calcium- und Eisengehalt, ätherische Öle, harntreibend, appetit- und verdauungsfördernd.
Standort: Mittelschwere, humusreiche, tiefgründige, tief gelockerte, gut siebfähige Böden, pH-Wert 6–7.
Klima: Mäßigen Temperaturen angepasst.
Anbauzeitraum: Direktsaat unter Folie ab A III, ab A IV ohne Bedeckung.
Aussaat: 25–30 cm Reihenabstand, 150 Pfl./m^2, 2–3 cm tief.
Nährstoffentzug (g/10 kg Ertrag): N: 42, P: 6, K: 70, Mg: 6.
Düngung (g/m^2): N_{min}-Sollwert: 9, P_2O_5: 4,1, K_2O: 25,3, MgO: 3,0, bei 3,0 g/m^2 Wurzelertrag.
Wasserbedarf (Niederschlag und Beregnung): 400–600 mm, Hauptbedarf mit Beginn des Wurzelwachstums A/M VI.
Ernte: IX–XI Wurzelernte, Blätter laufend.
Lagerung: Erd-, Feldmieten oder bei 0 °C, 97 % rel. Luftfeuchte.
Sorten: 'Bero' (Typ Berliner Halblanger).

Pfeffer-Minze
Mentha × piperita (Lamiaceae, Lippenblütler)

Herkunft: Urformen aus dem Mittelmeergebiet.

Pflanze: Echte Pfeffer-Minze ist Bastard aus Grüner und Wasser-Minze, ausdauernd, bis 80 cm hoch, flaches Wurzelwerk, zahlreiche Ausläufer. Stängel vierkantig.

Blatt: Gegenständig, hell- bis dunkelgrün, zuweilen rot unterlaufen, gezähnter Rand, eiförmig, gestielt.

Blüte: Rosarot bis hellviolett, quirlig in Achseln der oberen Blätter. VI–VII.

Nutzung: Blätter, Triebspitzen als Gewürz-, Arzneipflanze. In Rohkost-, Diätspeisen, zum Würzen u. a. von Fleischgerichten, Suppen, Soßen, kräftiger, aromatischer, erfrischender Geruch. Brennender, würziger Geschmack mit nachfolgendem Kältegefühl.

Gesundheitswert: Ätherische, mentholhaltige Öle geschmacksbestimmend, wirkt krampflösend. Tee bei Magenbeschwerden, Verdauungsstörungen.

Standort: Leichter, humusreicher Boden in feuchter Lage.

Klima: Auch Halbschatten geeignet.

Anbauzeitraum: Kultur im Frühjahr oder Herbst anlegen.

Pflanzung: Ausläufer mit 40 cm Reihenabstand in Furche auslegen, leicht bedecken.

Nährstoffentzug (g/10 kg Ertrag): N: 40, P: 4,8, K: 53, Mg: 5.

Düngung (g/m^2): N: 16, P_2O_5: 4,6, K_2O: 25,5, MgO: 3,3, N-Kopfdüngung nach jedem Schnitt.

Ernte: Zum Frischverbrauch laufend, Haupternte vor Blühbeginn, 2. Schnitt E VIII, 3. Schnitt X, Blätter abstreifen, trocknen bei bis zu 35 °C.

Lagerung: Frisch verwenden oder getrocknet lagern.

Hinweise: Arzneipflanze des Jahres 2004.

Sorten: 'Cinderella'.

Pimpinelle oder Kleiner Wiesenknopf
Sanguisorba minor ssp. *minor* (Rosaceae, Rosengewächse)

Herkunft: Im Mittelmeergebiet beheimatet, wild in Europa verbreitet.

Pflanze: Ausdauernd, krautig, 30–50 cm hoch, verholzender Wurzelstock, Stängel kantig, gefurcht.

Blatt: Unpaarig gefiedert, oval und grob gesägt.

Blüte: In kompakten Köpfchen, grüne Hochblätter, strahlige, karminrote Narben. V–VI.

Nutzung: Junge Blätter als Gemüse bzw. Salatgemüse mit gurkenartigem Geschmack, zum Verfeinern von Soßen, Suppen, in Kräuterbutter, als Bestandteil der Kräutermischung „Grüne Soße".

Gesundheitswert: Reich an Vitamin C (bleibt beim Tiefgefrieren erhalten), mit Gerbstoffen, Flavonoiden, wirkt appetitanregend, blutstillend.

Standort: Mittelschwere, lockere, durchlässige, kalkreiche Böden, pH-Wert >6,5.

Klima: Sonnig-warme Lagen sind günstig.

Anbauzeitraum: Direktsaat M IV–A V, vorkultivierte JP im V/VI pflanzen.

Aussaat: 20–30 cm Reihenabstand mit 15–20 Korn/lfd. Meter, 3–4 g Saatgut/m^2, 2 cm tief. Für Pflanzung im V/VI Aussaat unter Glas A III.

Pflanzung: 20 × 20 bis 30 × 25 cm, 13–25 Pfl./m^2.

Nährstoffentzug (g/10 kg Ertrag): N: 90, P: 8, K: 75, Mg: 10.

Düngung (g/m^2): N: 6, nach jedem Schnitt 3, P_2O_5: 1,8, K_2O: 9, MgO: 1,7.

Ernte: Ab E VI/A VII, ca. 60–80 Tage nach Aussaat, 2–3 Schnitte möglich. Kontinuierlich für Frischmarkt ernten. Blütenstände entfernen.

Lagerung: Frisch tiefgefrieren oder getrocknet lagern.

Porree
Allium porrum var. *porrum* (Alliaceae, Zwiebelgewächse)

Herkunft: Westlicher Mittelmeerraum.
Pflanze: Zweijährig, im 1. Jahr aus zwiebelähnlicher Verdickung Bildung einer Laubrosette und stark verkürzter Sprossachse (Schaft), sortenabhängig 30–60 cm lang, im 2. Jahr Nebenzwiebelbildung.
Blatt: Flach, bandartig, mit Wachsschicht.
Blüte: Im 2. Jahr nach Einwirkung kühler Temperaturen. V.
Nutzung: Schaft als (Zwiebel-)Gemüse. Vielseitig verwendbar, typischer Geschmack.
Gesundheitswert: Schwefelhaltige ätherische Öle geschmacksbestimmend, wertvoll durch Mineralstoffe, Vitamine, regt Kreislauf, Verdauung an, infektionshemmend.
Standort: Alle Böden außer verdichtete, staunasse geeignet, pH-Wert 6,2–6,8.
Klima: Mittel-, westeuropäischem angepasst.
Anbauzeitraum: Vorkultivierte JP M III (bis A IV unter Folie/Vlies) bis E VII pflanzen. Direktsaat A III–A V.

Aussaat: Ab M XII unter Glas für Pflanzung M III in Multizellenplatten oder Presstöpfe, 18–22 °C (tags), 12–16 °C (nachts), direkt: 14–18 Pfl./m², z. B. 75 × 6–7 cm, 2–3 cm tief.
Pflanzung: 15–25 Pfl./m², z. B. 40–75 × 8–12 cm, 18–20 cm tief bei 40 cm Pflanzenlänge.
Nährstoffentzug (g/10 kg Ertrag): N: 25, P: 3,5, K: 30, Mg: 2.
Düngung (g/m²): N_{min}-Sollwert: 14 (Saat-), 21–23 (Pflanzporree), P_2O_5: 4,1, K_2O: 18,1, MgO: 1,7.
Wasserbedarf (Niederschlag und Beregnung): 200–400 mm, bei Bedarf von M VI-A IX beregnen.
Ernte: Je nach Sorte ab E VI/A VII.
Lagerung: Bei 0 bis −1 °C, 96–98 % rel. Luftfeuchte 8–10 Wochen.
Sorten: 'Blaugrüner Herbst'.

Portulak: Sommer-Portulak oder Gemüse-Portulak
Portulaca oleraceae ssp. *sativa* (Portulacaceae, Portulakgewächse)

Herkunft: Wildform aus westlichem Asien.
Pflanze: Einjährig, aufrechter, später niederliegender Wuchs, Höhe 15–30 cm.
Blatt: Verkehrt eiförmig, fleischig, stiellos, bis 3 cm lang, 2 cm breit, wechselständig.
Blüte: Blassgelb, orangefarben, fünfzählig mit deutlichen Deckblättern. V/VI–IX/X.
Nutzung: Blätter (zartfleischig, saftig) als Gewürz oder Gemüse; junge Blätter als Rohkost, ältere als Spinat mit nussartigem Geschmack, Blütenknospen als Kapernersatz.
Gesundheitswert: Hoher Eisen-, Vitamin-C-Gehalt.
Standort: Lockerer, mehr sandiger Boden, pH-Wert 5,6–7,2.
Klima: Vollsonnige Lagen bevorzugt.
Anbauzeitraum: Direktsaat in mehreren Sätzen von M IV mit zeitweiliger Vlies-/Folienbedeckung, ab M V–E VII ohne Bedeckung ins Freiland, im geschützten Anbau von III–VIII. Pflanzung vorkultivierter JP möglich.

Aussaat: Flach, breitwürfig mit 8–10 g/m^2, in Reihen mit 20–30 cm Abstand 3–4 g Saatgut/m^2, eventuell mit Vlies bedecken, Keimtemperatur nicht unter 16–18 °C.
Nährstoffentzug (g/10 kg Ertrag): N: 40, P: 9, K: 88, Mg: 3.
Düngung (g/m^2): N$_{min}$-Sollwert: 14 bis zum 1. Schnitt, nach jedem weiteren Schnitt 12, P$_2$O$_5$: 5,2, K$_2$O: 26,5, MgO: 1,2 (bei 2,5 kg Ertrag/m^2).
Wasserbedarf (Niederschlag und Beregnung): Bei Trockenheit beregnen.
Ernte: Ab 3–4 Wochen nach Aussaat 2–3 Ernten möglich.
Lagerung: Bei 0–2 °C, <95 % rel. Luftfeuchte 2–3 Tage.

Portulak: Winterportulak
Claytonia perfoliata syn. *Montia perfoliata* (Portulacaceae, Portulakgewächse)

Herkunft: Küstennahe Gebiete Nordamerikas.
Pflanze: Einjährig, frostverträglich, ca. 10–30 cm hoch, büschelförmiger Wuchs.
Blatt: Grundständig, zunächst dunkelgrün, oval zugespitzt, dann mittel- bis hellgrün, tellerartig.
Blüte: Unscheinbar, doldenartig. Ab III/IV.
Nutzung: Zartfleischige, saftige Blätter als Gemüse wie Spinat oder als Salat zubereitet, angenehm mild.
Gesundheitswert: Bedeutung durch Vitamin-C-, Eiweiß-, Mineralstoffgehalt.
Standort: Alle Böden geeignet, außer extrem verdichtete oder staunasse, pH-Wert 5,8–7,4.
Klima: Wenig wärmebedürftig, 4–8 °C ausreichend.
Anbauzeitraum: Direktsaat satzweise von M IX/A X–M III unter Glas, A III ins Freiland. Pflanzung vorkultivierter JP möglich.

Aussaat: Breitwürfig 0,8–1,2 g/m^2; in Reihen mit 10–20 cm Abstand 0,6–1,0 g/m^2. Für JP-Anzucht 5–7 Korn/Topf aussäen.
Pflanzung: 12 × 10 cm, 83 JP/m^2.
Nährstoffentzug (g/10 kg Ertrag): N: 70, P: 6,5, K: 60, Mg: 13.
Düngung (g/m^2): N_{min}-Sollwert: 8, nach 8. Kulturwoche senken, nicht weniger als 5, P_2O_5: 3,4, K_2O: 16,3, MgO: 4,8 (bei 2,25 kg Ertrag/m^2).
Wasserbedarf (Niederschlag und Beregnung): Bei Trockenheit beregnen.
Ernte: Im Frühjahr, Herbst 6 Wochen, im Winter 7–9 Wochen nach Aussaat, 2. oder 3. Schnitt nach 1–2 (Frühjahr) bzw. 5–6 Wochen (Winter).
Lagerung: Bei 0–1 °C, hoher rel. Luftfeuchte 5–7 Tage.

Radicchio
Cichorium intybus var. *foliosum* (Asteraceae, Korbblütler)

Herkunft: Mittelmeerraum.
Pflanze: Urform zweijährig, niedrige Temperaturen im Kurztag, gefolgt von Langtag lösen generative Phase aus, fleischige Hauptwurzel (Rübe).
Blatt: Braunrot mit weißen Rippen, Blätter bilden festen runden oder länglichen Kopf.
Blüte: Im Körbchen angeordnet, blau.
Nutzung: Blätter als Salatgemüse. Pikant bitterer Geschmack.
Gesundheitswert: Intybin geschmacksbestimmend, Gehalt an Vitamin C, Provitamin A bedeutsam, mit Anthozyan, wirkt appetitanregend, verdauungsfördernd.
Standort: Leichte bis mittelschwere, tiefgründige, siebfähige, steinfreie Böden, pH-Wert 6,5–7.
Klima: Mittel-, südeuropäischem Klima angepasst, Spätfrostlagen meiden.
Anbauzeitraum: Vorkultivierte JP ab M III unter Vlies und Folie, A–M IV unter Vlies, M VI–E VII ohne Bedeckung ins Freiland pflanzen. Direktsaat ab VII möglich, aber unüblich.
Aussaat: M II für Pflanzung M III unter Glas in Erdpresstöpfe, Keimung bei 28 °C, dann 20 °C.
Pflanzung: 10–12 Pfl./m^2, z.B. 25–30 × 30 cm, im Spätanbau 40 × 35 cm.
Nährstoffentzug (g/10 kg Ertrag): N: 25, P: 4, K: 40, Mg: 2.
Düngung (g/m^2): N_{min}-Sollwert: 14, P_2O_5: 2,7, K_2O: 14,4, MgO: 1.
Wasserbedarf (Niederschlag und Beregnung): Abhängig von Witterung dreimal 20 mm ab Beginn Kopfbildung.
Ernte: Von A VI–X über 2–3 Wochen, ca. 8–11 Wochen nach Pflanzung.
Lagerung: Bei 0–1 °C, >97 % rel. Luftfeuchte bis > 4 Wochen.
Sorten: Sortengruppen: 'Rossa di Chioggia' (runde), 'Treviso' (längliche Kopfform).

Radies oder Radieschen
Raphanus sativus var. *sativus* (Brassicaceae, Kreuzblütler)

Herkunft: Östliches Mittelmeergebiet, Vorderasien.
Pflanze: Einjährig, ursprünglich Langtagpflanze.
Blatt: Bis Blühbeginn grundständig, dicht behaart.
Blüte: Weiß oder rosafarben.
Nutzung: Knolle (besteht bei runden Typen aus Hypokotyl, bei lang gestreckten Typen aus Hypokotyl und Wurzel, sortenabhängig rund, länglich, rosa, violett, weiß, gelb oder zweifarbig, innen weiß) roh, als Gemüse, würziger Geschmack, zur Dekoration.
Gesundheitswert: Senföle geschmacksbestimmend, ähnlich Rettich reich an Vitamin C, Mineralstoffen (Kalium), sekundären Pflanzenstoffen (u. a. Glucosinolate), appetitanregendes Aussehen.
Boden: Humose, lockere Lößlehm-, Schwarzerdeböden sind optimal, pH-Wert 5,6–7.
Klima: Mitteleuropäischem Klima angepasst.

Anbauzeitraum: Direktsaat A II–A III unter Vlies und Folie, M III–A IV unter Folie bzw. Vlies, M IV–M IX ohne Bedeckung ins Freiland.
Aussaat: $13{,}0 \times 3{,}1$, $12{,}5 \times 3{,}2$ oder $15{,}0 \times 2{,}7$ cm mit 250 Korn/m², 1 cm tief.
Nährstoffentzug (g/10 kg Ertrag): N: 20, P: 3, K: 28, Mg: 2.
Düngung (g/m²): N_{min}-Sollwert: 10, P_2O_5: 2, K_2O: 10, MgO: 1.
Wasserbedarf (Niederschlag und Beregnung): Bis 200 mm, auf gleichmäßige Wasserversorgung achten, ab Aussaat kleine Gaben (10 mm).
Ernte: Aus Doppelbedeckung ab A–M IV.
Lagerung: Bei 0–1 °C, 90–95 % rel. Luftfeuchte 1 Woche.
Hinweise: Auf Falschen Mehltau achten, Kulturschutznetze einsetzen, Anbau unter Glas möglich.
Sorten: 'Printo': mit Aussaat von M II–M III.

Rauke: Salat- oder Öl-Rauke
Eruca sativa (Brassicaceae, Kreuzblütler)

Herkunft: Südschweiz und Italien.
Pflanze: Einjährig, bis 40 cm hoch.
Blatt: Gebuchtet.
Blüte: Weiß bis cremefarben.
Nutzung: Junge Blätter als Gemüse. Roh, klein geschnitten im Misch- oder Rohkostsalat, pikant scharfer, erdnussartiger, kresseähnlicher Geschmack, aber milder als bei Rucola.
Gesundheitswert: Hoher Carotin-, Vitamin-C-Gehalt, Natrium, Kalium, Magnesium, Phosphor, Calciumgehalt höher als bei Kopfsalat, wirkt harntreibend, verdauungsfördernd.
Standort: Gut durchlässiger, unkrautarmer Boden.
Klima: Mitteleuropäischem Klima angepasst, sonnige Lagen.
Anbauzeitraum: Direktsaat im Freiland von III–VIII. JP ab M V pflanzen. Unter Glas ganzjährig.
Aussaat: 40–60 g Saatgut/100 m^2 oder 150 g/1000 Töpfe. Direktsaat mit 15–20 cm Reihenabstand.
Pflanzung: Abstand unter Glas 15–20 × 25 cm, rd. 20–25 JP/m^2.
Nährstoffentzug (g/10 kg Ertrag): N: 40, P: 4,5, K: 44, Mg: 3.
Düngung (g/m^2): N_{min}-Sollwert: 15, P_2O_5: 1,8, K_2O: 9,3, MgO: 0,8; als Grunddüngung oder kurz nach Auflaufen.
Wasserbedarf (Niederschlag und Beregnung): Für gleichmäßige Bodenfeuchte sorgen.
Ernte: Ca. 5–6 Wochen nach Aussaat, Einmalernte.
Hinweise: Frühzeitig Unkraut bekämpfen, dreijährige Fruchtfolge einhalten.
Sorten: 'Kulturform', 'Runway'.

Rauke: Wilde Rauke oder Rucola
Diplotaxis tenuifolia (Brassicaceae, Kreuzblütler)

Herkunft: Im Mittelmeergebiet wild wachsend.
Pflanze: Mehrjährig, frosthart, bis 20 cm hoch.
Blatt: Länglich-schmal, gezahnt.
Blüte: Gelb. VI–VII.
Nutzung: Junge Blätter als Gemüse. Roh, klein geschnitten im Misch- oder Rohkostsalat, im Geschmack würziger als Salat-Rauke.
Gesundheitswert: Bedeutsam durch hohen Carotin-, Vitamin-C-Gehalt, Natrium, Kalium, Magnesium, Phosphor, Calciumgehalt höher als bei Kopf-Salat, wirkt harntreibend, verdauungsfördernd.
Standort: Gut durchlässiger, unkrautarmer Boden.
Klima: Mitteleuropäischem Klima angepasst, sonnige Lagen.
Anbauzeitraum: Direktsaat im Freiland von III–A IX. JP ab M V pflanzen. Im Gewächshaus ganzjährig.
Aussaat: Direktsaat mit 60 g/100 m^2 mit 25 cm Reihenabstand. Für JP-Anzucht 5 Korn/Presstopf aussäen.
Pflanzung: Unter Glas 50–60 Töpfe/m^2, z. B. 20 × 10 cm, im Freiland 26–33 Töpfe/m^2, 30 × 10–15 cm.
Nährstoffentzug (g/10 kg Ertrag): N: 40, P: 4,5, K: 44, Mg: 3.
Düngung (g/m^2): N_{min}-Sollwert: 15, P_2O_5: 1,8, K_2O: 9,3, MgO: 0,8.
Wasserbedarf (Niederschlag und Beregnung): Für gleichmäßige Bodenfeuchte sorgen.
Ernte: Blätter von 10–15 cm Länge ca. 6–8 Wochen nach Aussaat, bei Einmalernte Pflanze am Wurzelhals schneiden, bei hohem Schnitt im Freiland 2, unter Glas bis 3 Ernten möglich.
Hinweise: Dreijährige Fruchtfolge einhalten.
Sorten: 'Wildform'.

Rettich
Raphanus sativus var. *niger* (Brassicaceae, Kreuzblütler)

Herkunft: Südeuropa, Vorder-, Ostasien.
Pflanze: Ein- oder zweijährig, Langtagpflanze.
Blatt: Gelappt, gefiedert, grundständig.
Blüte: Weiß oder schwach rosafarben, in länglichen Blütenständen.
Nutzung: Rettichrübe (gebildet bei pfahlförmigen Typen von verdickter Hauptwurzel und Hypokotyl, bei runden vom verdickten Hypokotyl) überwiegend roh als Gemüse.
Gesundheitswert: Senföle geschmacksbildend, reich an Vitamin C, Mineralstoffen (Kalium), sekundären Pflanzenstoffen (u. a. Glucosinolate), als Arzneipflanze bei Leber-, Gallenleiden, chronischer Bronchitis.
Boden: Mittelschwere bis leichte, humose, tiefgründige Böden, pH-Wert 5,6–7.
Klima: Mitteleuropäischem Klima angepasst.
Anbauzeitraum: Direktsaat ab E II im Folientunnel, unter Vlies und Folie, A V unter Flachfolie, A VI–M/25. VIII ohne Bedeckung ins Freiland. Vorkultivierte JP bei frühen Sätzen verwenden.
Aussaat: 2–3 cm tief, Bund- 25 × 7–8 cm (50 Korn/m^2), Stückware 25 × 15–20 cm (20–25 Korn/m^2), absieben. Für JP-Anzucht ca. 14 Tage vor Pflanzung in 3-cm-Paperpots säen.
Pflanzung: 20 × 20 cm (Stückware), 25 Pfl./m^2.
Nährstoffentzug (g/10 kg Ertrag): N: 17, P: 3,3, K: 30, Mg: 1,6.
Düngung (g/m^2): N_{min}-Sollwert: 12–14 (Bund-), 16–17 (europäische Stück-), 18–23 (asiatische Stückware), P_2O_5: 3,9, K_2O: 18,1, MgO: 1,3.
Wasserbedarf (Niederschlag und Beregnung): Bis 200 mm, Sommeranbau: vorweg 15 mm, bei Trockenheit ab beginnender Rübenbildung 15-mm-Gaben.
Ernte: Ab 25. IV als Bund- oder Stückrettich.
Lagerung: 0–0,5 °C, > 97 % rel. Luftfeuchte.
Sorten: 'Runder schwarzer Winter', 'Rex'.

Rhabarber
Rheum rhabarbarum (Polygonaceae, Knöterichgewächse)

Herkunft: Asien, Himalaya.
Pflanze: Ausdauernde Rhizompflanze, überwintert mit dicken, fleischigen Wurzeln (als Speicherorgane für die im Frühjahr austreibenden unterirdischen Knospen).
Blatt: Groß, am Grunde drei-, mehrlappig, leicht gekrauster Rand, Blattstiel mit flacher Ober-, runder Unterseite mit scharfen Kanten, ca. 70 cm lang, 5 cm breit.
Blüte: Cremefarben, im Blütenstand. V.
Nutzung: Blattstiele, u.a als Marmelade.
Gesundheitswert: Erfrischender, pikant-säuerlicher Geschmack durch Fruchtsäuren (insbesondere Äpfel-, Zitronensäure). Oxalsäure wird z.B. durch Milch neutralisiert, trotzdem Verzehr bei Kindern einschränken; regt Verdauung an.
Standort: Mittlere bis schwere, gut mit organischer Substanz versorgte, wasserhaltende, z.B. humose Lehmböden, pH-Wert 5,6–7,2.
Klima: Keine besonderen Ansprüche.

Anbauzeitraum: Rhizomstücke von III–V oder im X pflanzen, mehrjährig.
Pflanzung: $0{,}75 \times 1{,}00$ bis $1{,}00 \times 1{,}00$ m, rd. 1 Pfl./m^2.
Nährstoffentzug (g/10 kg Ertrag): N: 20, P: 3, K: 25, Mg: 1,5.
Düngung (g/m^2): N_{min}-Sollwert: 17, P_2O_5: 2,7, K_2O: 12, MgO: 1, organische Düngung vor dem Pflanzen, dann jedes 2 Jahr.
Wasserbedarf (Niederschlag und Beregnung): Bewässern ab IV, vorwiegend nach der Ernte von VII–VIII 40 l/m^2.
Ernte: Ab 2. Jahr beim Verfrühen mit Folie ab III/IV, sonst von IV–VI/VII 3–4 Stiele/Pfl.
Lagerung: Bei 0–1 °C, 95–98 % rel. Luftfeuchte bis zu 3 Wochen (aus Treiberei 1 Woche).
Hinweise: Treiberei, z.B. in dunklen Räumen, möglich.

Rosmarin
Rosmarinus officinalis (Lamiaceae, Lippenblütler)

Herkunft: Mittelmeergebiet.
Pflanze: Holziger, immergrüner Halbstrauch, bedingt winterhart, bis 1,50 m hoch. Wurzeln meist verholzt, ältere Äste verholzt, mit schuppiger, borkenartiger Rinde.
Blatt: Gegenständig, lanzettlich, Oberseite glatt, grün, wenig behaart, Unterseite graufilzig behaart.
Blüte: Zartblau bis lila, selten weiß, endständig in Scheintrauben. III–IV.
Nutzung: Frische Blätter als Gewürz der italienischen, französischen Küche, in Suppen, Fleisch-, Wildspeisen, kleine Mengen in Salate, Fischgerichte. Getrocknet scharf, bitter-aromatisch.
Gesundheitswert: Enthält ätherische Öle, Kampfer, Bitter- Gerbstoffe; u. a. bei Magenverstimmung, Appetitlosigkeit.
Standort: Humusreicher, durchlässiger Boden.
Klima: Warme, sonnige, trockene Lagen.
Anbauzeitraum: Vermehrung im VII/VIII mit Stecklingen oder Aussaat im Frühjahr.
Aussaat: In Töpfe, Frühbeet; für JP 5–10 g/ 1000 Pfl. säen.
Pflanzung: In Töpfen gezogene Pflanzen im Sommer auspflanzen, 40 × 30 cm, 8 Pfl./m^2.
Düngung (g/m^2): Im Frühjahr Kompost-, verrottete Stallmistgaben oder mineralisch, Kaligabe fördert Ölbildung, ab Spätsommer möglichst wenig düngen.
Wasserbedarf (Niederschlag und Beregnung): Gering. In Trockenperioden beregnen, ab Spätsommer möglichst wenig beregnen.
Ernte: Frische Triebe, Blätter ganzjährig schneiden, Haupternte zur Blüte, maximal ein Viertel des Laubbestandes ernten.
Lagerung: Getrocknet.
Hinweise: Winterschutz mit Torf, Tannenzweigen.
Sorten: 'Abraxas'.

Rote Bete oder Rote Rübe
Beta vulgaris ssp. *vulgaris* var. *vulgaris* (Chenopodiaceae, Gänsefußgewächse)

Herkunft: Mittelmeerraum.
Pflanze: Zweijährig.
Blatt: Lang gestielt, grundständig, gegenständig, saftreich.
Blüte: Im 2. Jahr, zwittrig, fünfteilig einzeln oder in 2–4 in Quirlen, an rispenartig verzweigtem Blütenstängel. Grün oder rötlich grün.
Nutzung: Rübe (Wurzelkörper aus verdicktem Hypokotyl und oberstem Teil der Pfahlwurzel bestehend, bei runden Formen nur aus Hypokotyl gebildet) als Gemüse. Gekocht u. a. als Suppe, Salat, Rohverzehr möglich.
Gesundheitswert: Wertvoll durch Vitamin C, Mineralstoffe (Kalium), organische Säuren (Zitronen-, Äpfelsäure), roten Farbstoff Betanin, weniger Oxalsäure als in Mangold, Saft wirkt blutreinigend, -bildend, leicht anregend auf Magen, Darm.
Standort: Tiefgründige, humose, Lehm-, Schwarzerdeböden, pH-Wert 6–7.

Klima: Maritimes Klima.
Anbauzeitraum: Direktsaat ab M III (zeitweilig unter Folie) bis M VII. Vorkultivierte JP E III–A IV pflanzen.
Aussaat: 40–60 Pfl./m^2, 3–4 cm tief, Reihenabstand 25–40 cm.
Pflanzung: 30 Pfl./m^2, 33 × 10 cm.
Nährstoffentzug (g/10 kg Ertrag): N 26 (28), P: 5 (6), K: 40 (46), Mg: 3 (5), Rüben- (Rüben mit Laub-)ernte.
Düngung (g/m^2): N_{min}-Sollwert: 23 für Normalware, P_2O_5: 6,9, K_2O: 28,9, MgO: 3.
Wasserbedarf (Niederschlag und Beregnung): Während Hauptwachstum in Trockenperioden beregnen.
Ernte: Ab A VII, je nach gewünschter Größe.
Lagerung: In Erdmieten, trockenen Kellern bei 3–4 °C.
Hinweise: 2- bis 3-jähriger Fruchtwechsel mit anderen Chenopodiaceen.
Sorten: 'Rote Kugel'.

Salat: Baby leaf lettuce (Schnittsalat)
Lactuca sativa ssp. (Asteraceae, Korbblütler)

Herkunft: Mittelmeerraum.
Pflanze: Einjährig, Langtagpflanze, enthält Milchsaft.
Blatt: Je nach Art eingeschnitten, eingebuchtet, eichenlaubähnlich oder geschlitzt.
Blüte: Ungestielte Einzelblüten. VI–VIII.
Nutzung: Als Blattgemüse.
Gesundheitswert: Wertvoll durch Mineralstoffgehalt, vitaminreich (C, E, Carotin), wirkt appetitanregend, ist leicht verdaulich, sehr bekömmlich durch organische Säuren.
Standort: Mittelschwere, humusreiche, durchlässige Böden mit guter Struktur und Wasserführung, pH-Wert 5,8–6,5.
Klima: Gemäßigtes Klima, im Frühjahr wärmebegünstigte, im Sommer kühlere Lagen.
Anbauzeitraum: Direktsaat von A–M III unter Vlies, M IV–VIII ohne Bedeckung ins Freiland. Kulturdauer 34–56 Tage. Unter Glas von IX–II frostfrei oder leicht geheizt kultivieren.

Aussaat: 50–70 g Saatgut/100 m^2, 10–12 × 2–3 cm.
Düngung (g/m^2): N_{min}-Sollwert: 9, P_2O_5: 6, K_2O: 7,9, MgO: 4.
Wasserbedarf (Niederschlag und Beregnung): Frisch gesäte Flächen gegen Abend bewässern, gleichmäßiger Bedarf über die Kulturzeit.
Ernte: Ca. 1 cm über dem Boden 8–10 cm lange Blätter schneiden, Vegetationspunkt für 2. Schnitt stehen lassen.
Lagerung: Im Folienbeutel im Kühlschrank nur wenige Tage haltbar.
Hinweise: Auf saubere unkrautfreie Flächen säen.
Sorten: Gängige Sorten von Eichblatt-, Lollo-, Batavia-, Romana- und Endivien-Salaten.

Salat: Blatt-, Pflück- oder Schnitt-Salat
Lactuca sativa var. *crispa* (Asteraceae, Korbblütler)

Herkunft: Mittelmeerraum, stammt möglicherweise vom Wilden Lattich ab.
Pflanze: Einjährige Langtagpflanze, Spross von oben bis unten mit Blättern besetzt.
Blatt: Glatt, ganzrandig oder eingeschnitten, ohne Kopfbildung.
Blüte: Ungestielt, einzeln. VI–VIII.
Nutzung: Als Blattgemüse. Mit schwach bitterem Geschmack.
Gesundheitswert: Reich an Vitaminen (C, E, Carotin), mit Fruchtsäuren, leicht verdaulich, wirkt hustenstillend, appetitanregend.
Standort: Mittelschwere, humusreiche Böden mit guter Struktur und Wasserführung (Sandige Lehme, Lößlehme), pH-Wert 5,8–6,5.
Klima: Gemäßigtes Klima, im Frühjahr wärmebegünstigte, im Sommer kühlere Lagen.
Anbauzeitraum: Vorkultivierte JP von A–M III unter Folie und Vlies, M III–A IV unter Vlies, ab A IV–E VIII ins Freiland pflanzen.
Aussaat: JP-Anzucht in Erdpresstöpfen mit Aussaat ab 24. XII (Pflanzung A III).
Pflanzung: Sorten-, typabhängig ca. 10 Pfl./m², z. B. 38 × 28 cm oder 33 × 30 cm.
Nährstoffentzug (g/10 kg Ertrag): N: 19, P: 3, K: 37, Mg: 1.
Düngung (g/m²): N_{min}-Sollwert: 13 bei grünen, 11 bei roten Sorten, P_2O_5: 2, K_2O: 13,4, MgO: 0,5.
Wasserbedarf (Niederschlag und Beregnung): 140–160 mm, 10 mm/Gabe bis Kopfbildung, dann größere Gaben.
Ernte: M IV–A X als ganzer Salat mit Kopfgewicht ab ca. 300 g.
Lagerung: Im Kühlschrank 3–5 Tage, bei 0–1 °C, 95 % rel. Luftfeuchte bis 14 Tage.
Sorten: 'Locarno' (Lollo Bionda), 'Anthony' (Lollo Rossa), 'Kristine' (grüner Eichblatt-Salat).

Salat: Blatt-, Pflück- oder Schnitt-Salat (Treib-)
Lactuca sativa var. *crispa* (Asteraceae, Korbblütler)

Herkunft: Mittelmeerraum.
Pflanze: Einjährige Langtagpflanze, Spross von oben bis unten mit Blättern besetzt.
Blatt: Glatt, ganzrandig oder eingeschnitten, ohne Kopfbildung.
Blüte: Ungestielt, einzeln.
Nutzung: Als Blattgemüse. Mit schwach bitterem Geschmack.
Gesundheitswert: Reich an Vitaminen (C, E, Carotin), mit Fruchtsäuren, leicht verdaulich, wirkt hustenstillend, appetitanregend.
Standort: Sandige Lehm- und Lößlehmböden, pH-Wert 5,8–6,5.
Klima: Temperaturführung nach Einstrahlung, zum Anwachsen 10–12 °C tags, 8 °C nachts, bei Kopfbildung 8–10 °C tags, 4–6 °C nachts, lüften ab 13–15 °C.
Anbauzeitraum: Vorkultivierte JP von 20. I–A II ins geheizte bzw. temperierte Haus (Ernte 25. III–E IV) und vom 10.–20. IX (Ernte E X–M XI) pflanzen.
Aussaat: JP-Anzucht unter Glas in Erdpresstöpfen ab 25. XI (für Pflanzung A II).
Pflanzung: 14–22 Pfl./m^2, z.B. 25 × 15–25 cm, Eichblattsalat mit 16 Pfl./m^2, 25 × 25 cm.
Nährstoffentzug (g/10 kg Ertrag): N: 19, P: 3, K: 37, Mg: 1.
Düngung (g/m^2): N_{min}-Sollwert: 13 (grüne), 11 (rote Sorten), P_2O_5: 2, K_2O: 13,4, MgO: 0,5.
Wasserbedarf (Niederschlag und Beregnung): Gleichmäßig feucht halten, 10 mm/Gabe bis zur Kopfbildung, dann größere Gaben.
Ernte: Als ganzer Salat mit Kopfgewicht ab ca. 200 g.
Lagerung: Im Kühlschrank 3–5 Tage, bei 0–1 °C, 95 % rel. Luftfeuchte bis 14 Tage.
Sorten: 'Locarno', 'Livorno' (Lollo Bionda).

▲ 'Anthony' (Lollo Rossa): Für den Anbau unter Glas und im Freiland geeignet, 'Revolution': für Pflanzung unter Glas und im Freiland von A II–M IX.

▼ 'Kristine': Grüner Eichblatt-Salat für den ganzjährigen Anbau im Freiland, sowie Frühjahrs- und Herbstanbau unter Glas, 'Carthago': für die Aussaat von II–VII geeignet.

▲ 'Versai': Roter Eichblatt-Salat für den ganzjährigen Anbau im Freiland, sowie Frühjahrs- und Herbstanbau unter Glas, 'Amorix': mit dunkelroter Laubfarbe, für den Freilandanbau, 'Rebosa': mit braunroten Rosetten und Aussaat von II–VII.

▼ 'Belowa': Grüner Blattsalat für den Anbau im Freiland, mit löwenzahnartigen Blättern und aufrechtem Wuchs.

Salat: Eis-Salat
Lactuca sativa var. *capitata* (Asteraceae, Korbblütler)

Herkunft: Erste Sorten Ende des 19. Jh. in den Vereinigten Staaten entstanden.

Pflanze: Einjährige Langtagpflanze, Primärspross erst kurz und unterentwickelt, mit Blühbeginn Internodienverlängerung, Auflösung der Rosette, milchsafthaltig.

Blatt: Grundständig, Blätter als Halbrosette angeordnet, bilden sog. Kopf, dicker, knackiger als Kopf-Salat.

Blüte: Ungestielt, einzeln im Körbchen.

Nutzung: Als Blattgemüse, schwach bitter.

Gesundheitswert: Vitaminreich (C, E, Carotin), mit Fruchtsäuren, leicht verdaulich, wirkt hustenstillend, appetitanregend.

Standort: Mittelschwere, humusreiche, durchlässige Böden mit guter Struktur und Wasserführung (sandige Lehm- und Lößlehmböden), pH-Wert 6–7.

Klima: Gemäßigtes Klima, optimal sind im Frühjahr wärmebegünstigte, im Sommer kühlere Lagen.

Anbauzeitraum: JP ab A III unter Vlies und Folie, ab M III unter Vlies, ab M IV ohne Bedeckung bis M VIII ins Freiland pflanzen.

Aussaat: Ab 20. XII für Pflanzung A III im Gewächshaus in Erdpresstöpfe aussäen.

Pflanzung: 7 Pfl./m^2, z. B. 50 × 30 cm, sortenabhängig bis 11 Pfl./m^2.

Nährstoffentzug (g/10 kg Ertrag): N: 13, P: 3, K: 25, Mg: 1.

Düngung (g/m^2): N_{min}-Sollwert: 18, P_2O_5: 3,4, K_2O: 15, MgO: 0,8.

Wasserbedarf (Niederschlag und Beregnung): Bis 200 mm, durch um 2 Wochen längere Kulturzeit höherer Bedarf als bei Kopf-Salat.

Ernte: Ab ca. A–M V, sobald Kopf fest ist, aber noch nicht schosst.

Lagerung: Bei 0,5 °C, >97 % rel. Luftfeuchte bis 6 Wochen.

Sorten: 'Astral'.

Salat: Kopf-Salat
Lactuca sativa var. *capitata* (Asteraceae, Korbblütler)

Herkunft: Mittelmeerraum, geht möglicherweise auf den auch bei uns vorkommenden Wilden Lattich zurück.
Pflanze: Einjährige Langtagpflanze, Primärspross zunächst kurz und unterentwickelt, mit Blühbeginn werden Internodien länger, Auflösung der Rosette, enthält Milchsaft.
Blatt: Grundständig, Blätter bilden Halbrosette, den sog. Kopf; sortenabhängig rot oder grün.
Blüte: Ungestielte Einzelblüten im Körbchen.
Nutzung: Als Blattgemüse. Mit schwach bitterem Geschmack.
Gesundheitswert: Reich an Vitaminen (C, E, Carotin), mit Fruchtsäuren, energiearm, leicht verdaulich, wirkt hustenstillend, appetitanregend.
Standort: Mittelschwere, humusreiche, durchlässige Böden mit guter Struktur und Wasserführung (sandige Lehm- und Lößlehmböden), pH-Wert 6–7.

Klima: Gemäßigtes Klima, im Frühjahr wärmebegünstigte, im Sommer kühlere Lagen.
Anbauzeitraum: Satzweise JP A III unter Vlies und Folie, M III unter Vlies, M IV–A IX ohne Bedeckung ins Freiland pflanzen.
Aussaat: Ab 20. XII (Pflanzung A III) JP-Anzucht unter Glas in Erdpresstöpfen.
Pflanzung: 33 × 28 oder 31 × 30 cm, 10–11 Pfl./m^2.
Nährstoffentzug (g/10 kg Ertrag): N: 18, P: 3, K: 30, Mg: 1,5.
Düngung (g/m^2): N_{min}-Sollwert: 15, P_2O_5: 3,4, K_2O: 18, MgO: 1,2.
Wasserbedarf (Niederschlag und Beregnung): 140–160 mm, 10–15 mm/Gabe bis Kopfbildung, dann größere Gaben.
Ernte: E IV–E X sobald Kopf fest ist, aber noch nicht schosst.
Lagerung: Im Kühlschrank 3–5 Tage, bei 0–1 °C, 95 % rel. Luftfeuchte ca. 2 Wochen.
Sorten: 'Attraktion', 'Larissa', 'Pirat', 'Roxy'.

Salat: Kopf-Salat (Treib-)
Lactuca sativa var. *capitata* (Asteraceae, Korbblütler)

Herkunft: Mittelmeerraum, stammt möglicherweise vom Wilden Lattich ab.
Pflanze: Einjährige Langtagpflanze (s. S. 139).
Blatt: Blätter bilden Halbrosette, den sog. Kopf.
Blüte: Einzeln, ungestielt im Körbchen.
Nutzung: Blätter als Salat (Blattgemüse). Mit schwach bitterem Geschmack.
Gesundheitswert: Reich an Vitaminen (C, E, Carotin), mit Fruchtsäuren, energiearm, leicht verdaulich, wirkt hustenstillend, appetitanregend.
Standort: Sandige Lehm-, Lößlehmböden, pH-Wert 6–7.
Klima: Temperaturführung nach Einstrahlung, zum Anwachsen 10–12 °C tags, 8 °C nachts, bei Kopfbildung 8–10 °C tags, 4–6 °C nachts, lüften ab 13–15 °C.
Anbauzeitraum: JP von 20. I–A II ins geheizte bzw. temperierte Haus (Ernte 25. III–E IV) und 10.–20. IX pflanzen (Ernte 20. X–M XI).
Aussaat: Ab 25. XI für Pflanzung A II, JP-Anzucht unter Glas in Erdpresstöpfen.
Pflanzung: 12–16 Pfl./m^2, z. B. 25 × 25 cm.
Nährstoffentzug (g/10 kg Ertrag): N: 18, P: 3, K: 30, Mg: 1,5.
Düngung (g/m^2): N_{min}-Sollwert: 15, P_2O_5: 3,4, K_2O: 18, MgO: 1.
Wasserbedarf (Niederschlag und Beregnung): Gleichmäßig feucht halten, 10–15 mm/Gabe bis zur Kopfbildung, dann größere Gaben.
Ernte: Bei Kopfgewichten ab 300 g.
Lagerung: Im Kühlschrank 3–5 Tage, bei 0–1 °C, 95 % rel. Luftfeuchte bis 14 Tage.
Hinweise: Die sog. Buttersalate unter Glas sind weicher im Blatt als die Freilandsorten, mittlerweile gibt es auch für das Freiland Sorten mit weicheren Blättern.
Sorten: 'Omega': hellgrüner Frühjahrssalat.

Salat: Romana-, Römischer oder Binde-Salat
Lactuca sativa var. *longifolia* (Asteraceae, Korbblütler)

Herkunft: Mittelmeerraum, geht möglicherweise auf den Wilden Lattich zurück.
Pflanze: Einjährige Halbrosettenpflanze, enthält Milchsaft.
Blatt: Mehr oder weniger aufrecht, Blätter bilden länglichen, eiförmigen, lockeren bis mittelfesten Kopf, mit gelben Innenblättern.
Blüte: Einzeln, ungestielt, im Körbchen.
Nutzung: Blätter als Salat (Blattgemüse). Mit herzhaft würzigem Geschmack.
Gesundheitswert: Ähnlich Kopf-Salat, reich an Vitaminen (C, E, Carotin), mit Fruchtsäuren, leicht verdaulich, sehr bekömmlich, energiearm, wirkt hustenstillend, appetitanregend.
Standort: Mittelschwere, humusreiche, durchlässige Böden mit guter Struktur, guter Wasserführung (sandige Lehm- und Lößlehmböden), pH-Wert 5,8–6,5.
Klima: Gemäßigtes Klima, im Frühjahr wärmebegünstigte, im Sommer kühlere Lagen.
Anbauzeitraum: Vorkultivierte JP A–21.III unter Vlies, bis A VIII ohne Bedeckung ins Freiland pflanzen.
Aussaat: Ab 20.XII für Pflanzung A III, JP-Anzucht unter Glas in Erdpresstöpfen.
Pflanzung: 9–11 Pfl./m^2, z.B. 30 × 35 cm.
Nährstoffentzug (g/10 kg Ertrag): N: 20, P: 4, K: 25, Mg: 1.
Düngung (g/m^2): N_{min}-Sollwert: 14, P_2O_5: 4,6, K_2O: 15, MgO: 0,8.
Wasserbedarf (Niederschlag und Beregnung): 140–160 l/m^2, mit 10–15 mm/Gabe bis Kopfbildung, dann größere Gaben.
Ernte: Erste Sätze ab M V mit Kopfgewichten ab 250 g, ca. 70 Tage (im Sommer ca. 6 Wochen) nach Pflanzung.
Lagerung: Bei 0 °C, 95 % rel. Luftfeuchte 3–5 Tage.
Hinweise: Hohe Salzgehalte meiden (Gefahr von Blattrandnekrosen).

Salat: Mini-Romana, Salatherzen oder „Little gem"
Lactuca sativa var. *longifolia* (Asteraceae, Korbblütler)

Herkunft: Mittelmeerraum, geht möglicherweise auf den Wilden Lattich zurück.
Pflanze: Einjährige Halbrosettenpflanze, enthält Milchsaft.
Blatt: Mehr oder weniger aufrecht, Blätter bilden länglichen, eiförmigen, lockeren bis mittelfesten Kopf, gelbe Innenblätter.
Blüte: Einzeln, ungestielt, im Körbchen.
Nutzung: Blätter als Salat, herzhaft würzig.
Gesundheitswert: Ähnlich Kopf-Salat, reich an Vitaminen (C, E, Carotin), mit Fruchtsäuren, leicht verdaulich, sehr bekömmlich, energiearm, wirkt hustenstillend, appetitanregend.
Standort: Mittelschwere, humusreiche, durchlässige Böden mit guter Struktur und Wasserführung, pH-Wert 5,8–6,5.
Klima: Gemäßigtes Klima, im Frühjahr wärmebegünstigte, im Sommer kühlere Lagen.
Anbauzeitraum: JP ab 20. II–A IV unter Vlies, ab M IV–A IX ohne Bedeckung ins Freiland pflanzen.
Aussaat: Ab M XII für Pflanzung 20. II, JP-Anzucht unter Glas in Erdpresstöpfen.
Pflanzung: 12–16 Pfl./m^2, z.B. 25 × 25–30 cm.
Nährstoffentzug (g/10 kg Ertrag): N: 20, P: 4, K: 25, Mg: 1.
Düngung (g/m^2): N_{min}-Sollwert: 14, P_2O_5: 4,6, K_2O: 15,1, MgO: 0,8.
Wasserbedarf (Niederschlag und Beregnung): 140–160 l/m^2, Boden feucht halten, kleine Gaben (maximal 10–15 mm/Gabe).
Ernte: Erste Sätze ab M IV mit Kopfgewichten ab 125 g, ohne Umblatt.
Lagerung: Bei 0 °C, 95 % rel. Luftfeuchte 3–5 Tage.
Hinweise: Kulturdauer gegenüber den normalen Sorten im Frühjahr ca. 20, im Sommer um 15 Tage kürzer. Hohe Salzgehalte vermeiden.
Sorten: 'Xanadu': mit bis zu 18 Pfl./m^2 pflanzen.

Salbei, Echter oder Garten-Salbei
Salvia officinalis (Lamiaceae, Lippenblütler)

Herkunft: Mittelmeerraum.
Pflanze: Ausdauernd, ca. 60 cm hoher Halbstrauch, bedingt winterhart.
Blatt: Eiförmig-länglich, feingekerbter Rand, Oberseite olivgrau bis grün, dicht behaart, feinnetzige Struktur.
Blüte: Violett-bläulich oder rosarot, weißlich, in unpaarigem Scheinquirl. VI–VII/VIII.
Nutzung: Blätter, unverholzte Triebe als Gewürz. Mit pikant-würzigem Aroma, frisch, getrocknet, ganz, gemahlen, geschnitten, sparsam dosiert für Fischgerichte, fettige Speisen (u. a. Hackfleisch).
Gesundheitswert: Enthält ätherische Öle, Gerb- und Bitterstoffe, als Heilpflanze mit antibakterieller, fungistatischer, virusstatischer Wirkung geschätzt, z. B. bei Entzündungen der Mund-, Rachenschleimhaut.
Standort: Sandige Lehmböden bis lehmige Sande, pH-Wert 6,5–8.
Klima: Warme, windgeschützte Lagen.

Anbauzeitraum: Direktsaat ab E IV, vorkultivierte JP M V pflanzen.
Aussaat: 40–60 × 30–40 cm (mehrjähriger), 30–35 × 20–25 cm (einjähriger Anbau), 5–12 g Saatgut/10 m², flach; JP-Vorkultur: 15 g/1000 Töpfe.
Pflanzung: 50–60 × 30–40 cm, 5–6 JP/m² (mehrjähriger); enger, z. B. 40 × 30 cm, 8 JP/m² (im einjährigen Anbau).
Nährstoffentzug (g/10 kg Ertrag): N: 50, P: 4,8, K: 52, Mg: 8.
Düngung (g/m²): N: 17,5 (in 2 Gaben), P_2O_5: 3,9, K_2O: 30,3, MgO: 4,6.
Wasserbedarf (Niederschlag und Beregnung): In Trockenperioden beregnen.
Ernte: M VIII–A IX (einjährig), ab 2. Jahr E VI/A VII und E VIII–A IX, Triebe 10–15 cm über dem Boden schneiden, sofort trocknen.
Lagerung: Trocken, staubgeschützt.
Hinweise: Anbau im Gewächshaus möglich.
Sorten: 'Extrakta'.

Schnitt-Lauch
Allium schoenoprasum var. *schoenoprasum* (Alliaceae, Zwiebelgewächse)

Herkunft: Vermutlich Vorder-, Zentralasien.
Pflanze: Ausdauernd, frosthart, bildet kleine Zwiebeln, die nach jedem Schnitt neue Blätter entwickeln, Knospenruhe ab E VIII–IX bei 6–20 °C und Tageslängen < 15 Stunden.
Blatt: Röhrenförmig, rund, innen hohl.
Blüte: Rosarot, in Scheindolde auf 25–50 cm hohem Schaft. VI–VII.
Nutzung: Blätter als Gewürz (Zwiebelgemüse). Mit zwiebelähnlichem Geschmack.
Gesundheitswert: Enthält Senf-, Lauchöle, hoher Gehalt an Vitaminen und Mineralstoffen, mit keimhemmenden Pflanzenstoffen (Phythonzide), appetitanregend, verdauungsfördernd, antiseptisch.
Standort: Humus-, nährstoffreiche Böden, pH-Wert 6–7,5.
Klima: Mitteleuropäischem Klima angepasst.
Anbauzeitraum: Direktsaat im IV; alternativ: JP im IV oder VIII für 1,5-jährigen Anbau pflanzen.
Aussaat: 0,8–1,2 g Saatgut/m^2, Reihenabstand 25–50 cm, 2,0–2,5 cm tief (direkt); E II–III für Pflanzung im IV, 6–8 Korn/3,3- oder 4-cm-Presstopf.
Pflanzung: 40–50 × 20 cm oder 35 × 25–30 cm, 10 Töpfe/m^2 (rd. 60–80 Pfl./m^2).
Nährstoffentzug (g/10 kg Ertrag): N: 50, P: 6, K: 45, Mg: 3,5.
Düngung (g/m^2): N_{min}-Sollwert: 17 (bis zum 1. Schnitt bei Aussaat oder Treiberei), 21 (bei Pflanzung), 18 (von einem bis zum nächsten Schnitt), P_2O_5: 6,9, K_2O: 27,1, MgO: 3.
Wasserbedarf (Niederschlag und Beregnung): Gleichbleibende Bodenfeuchte.
Ernte: Ab IV (Herbst-) bzw. ab VI/VII (Frühjahrspflanzungen).
Lagerung: Bei 0–1 °C, rel. Luftfeuchte 95 % maximal 1–2 Tage.
Hinweise: 4- bis 5-jähriger Fruchtwechsel.
Sorten: 'Filo', 'Grolan'.

Schwarzwurzel
Scorzonera hispanica (Asteraceae, Korbblütler)

Herkunft: Mittel-, südeuropäischer Raum.
Pflanze: Mehrjährig, winterhart.
Blatt: Grundständig, relativ lang, lanzettähnlich, ganzrandig.
Blüte: Im 2. Jahr, gelb, an 0,70–1,20 m hohem Blütenstand. VI–VIII.
Nutzung: Wurzel (Pfahlwurzel ca. 30 cm lang, 2 cm dick, Rinde mit schwarzer Korkschicht überzogen, enthält Milchsaft) als Gemüse. Mit spargelähnlichem, aber kräftigerem, nussartigem Geschmack.
Gesundheitswert: Hoher Gehalt an Trockensubstanz, Ballaststoffen, Kohlenhydraten, leicht verdaulich, bekömmlich, gelegentlich blähend, für Magen-Darm-Diät.
Standort: Tiefgründige, humose Lehm-, nährstoffreiche, lehmige Sandböden ohne Verdichtungen, pH-Wert um 6,0.
Klima: Mitteleuropäischem Klima angepasst.
Anbauzeitraum: Direktsaat im Freiland von M III–M V.
Aussaat: Direkt mit 25 cm bzw. 30–35 cm Reihenabstand, je nach TKG, Keimfähigkeit ca. 1,1–1,3 g/m^2, ergibt 50–60 Pfl./m^2, 2 cm tief.
Nährstoffentzug (g/10 kg Ertrag): N: 23, P: 7, K: 32, Mg: 2,5.
Düngung (g/m^2): N_{min}-Sollwert: 14, P_2O_5: 3,2, K_2O: 7,7, MgO: 0,8.
Wasserbedarf (Niederschlag und Beregnung): Hauptbedarf ab A–M VII, Boden gleichmäßig feucht halten, bei Bedarf mit 30 mm beregnen.
Ernte: Ab M X.
Lagerung: In kühlen Kellern gut, bei 0–0,5 °C, >97 % rel. Luftfeuchte bis 5 Monate haltbar.
Hinweise: Anbau nicht nach Möhren, stark zehrenden Kohlarten, tiefe Bodenbearbeitung notwendig, auch „Spargel des Winters" genannt.
Sorten: 'Einjährige'.

Sellerie: Bleich-, Stauden- oder Stangen-Sellerie
Apium graveolens var. *dulce* (Apiaceae, Doldenblütler)

Herkunft: Salzreiche, feuchte Böden der Mittelmeerküsten (Wildform).
Pflanze: Zweijährig, im 1. Jahr Bildung Blattrosette, im 2. Jahr Blüte.
Blatt: Grundständig, einfach gefiedert, keilig-rhombisch, dreilappig.
Blüte: Weiß, in Dolden an 60–100 cm langem Stand.
Nutzung: Verdickte Blattstiele als Gemüse. Aromatisch, würzig schmeckend, gedünstet, gebacken, wie Spargel zubereitet.
Gesundheitswert: Bedeutsam: ätherische Öle, Fruchtsäuren, Mineralstoffe, Vitamine, Phthalide (sekundäre Pflanzenstoffe).
Standort: Mittelschwere, tiefgründige, humose Böden mit ausgeglichener Feuchte, pH-Wert 6,5.
Klima: Mäßig warm und feucht ist optimal.
Anbauzeitraum: JP A IV unter Vlies bzw. Folie, M V–M VII ohne Bedeckung ins Freiland pflanzen.

Aussaat: Ab A II in Kisten, 1 cm tief, dann pikieren oder direkt in 4-cm-Erdtopf. Keimung bei > 18 °C (JP-Vorkultur).
Pflanzung: 10 Pfl./m^2, Abstand 50 × 20 cm.
Nährstoffentzug (g/10 kg Ertrag): N: 26, P: 6, K: 46, Mg: 2.
Düngung (g/m^2): N_{min}-Sollwert: 23, P_2O_5: 6,9, K_2O: 27,7 (Gabe teilen), MgO: 1,7; B-haltige Dünger bevorzugen.
Wasserbedarf (Niederschlag und Beregnung): 400–600 mm, Hauptbedarf M VII–A IX, bei Bedarf mit 15–20 mm/Gabe beregnen.
Ernte: Ab M/E VI.
Lagerung: Bei 0 °C, 97 % rel. Luftfeuchte bis zu 2 Monate.
Hinweise: Bei nicht selbstbleichenden Sorten Stiele anhäufeln oder z. B. mit Papier umwickeln.
Sorten: 'Golden Spartan'.

Sellerie: Knollen-Sellerie
Apium graveolens var. *rapaceum* (Apiaceae, Doldenblütler)

Herkunft: Salzreiche, feuchte Böden der Mittelmeerküsten.
Pflanze: Zweijährig, 1. Jahr: Bildung von Blattrosette, Sprossrübe (=Knolle), 2. Jahr: Blüte.
Blatt: Ein- bis zweipaarig gefiedert, keiligrhombisch, dreilappig.
Blüte: In Dolden, klein, weiß, zwittrig oder eingeschlechtig, an 60–100 cm langem Stand.
Nutzung: Knolle (besteht aus basalem Teil des Primärsprosses, Hypokotyl und Wurzelbasis, hauptsächlich aus Markgewebe gebildet) als Wurzelgemüse. Als Salat, gebraten wie Schnitzel, Suppengewürz.
Gesundheitswert: Bedeutsamer Gehalt an ätherischen Ölen, Mineralstoffen, Vitaminen.
Standort: Mittelschwere, tiefgründige, humose Böden, pH-Wert um 6,5.
Klima: Mäßig warm und feucht ist optimal.
Anbauzeitraum: JP A IV unter Vlies oder Folie, M V–A VI ins Freiland pflanzen.
Aussaat: Für JP-Anzucht ab M II in Kisten, 1 cm tief, dann pikieren oder direkt in 5 × 6 cm Erdtopf, Anzucht bei 18–20 °C.
Pflanzung: 5–6 Pfl./m^2, Abstand 50 × 30 cm (abhängig vom Endgewicht).
Nährstoffentzug (g/10 kg Ertrag): N: 26, P: 6, K: 46, Mg: 2.
Düngung (g/m^2): N_{min}-Sollwert: 18, P_2O_5: 6,9, K_2O: 27,7 (K-Gabe teilen), MgO: 1,7; B-haltige Dünger einsetzen.
Wasserbedarf (Niederschlag und Beregnung): 400–600 mm, Hauptbedarf zwischen M VII–A IX.
Ernte: Ab M/E VI.
Lagerung: Bei 0 °C, 97 % rel. Luftfeuchte bis 7 Monate.
Hinweise: Anbaupause von 4 bis 5 Jahren zu anderen Doldenblütlern, Wurzelgemüse.
Sorten: 'Monarch', 'Prinz'.

Sellerie: Schnitt-Sellerie
Apium graveolens var. *secalinum* (Apiaceae, Doldenblütler)

Herkunft: Salzhaltige, feuchte oder sumpfige Meeresböden der Mittelmeerküsten (Wildform).

Pflanze: Zweijährig, im 1. Jahr Blattrosette ohne Knollenbildung, im 2. Jahr Blüte.

Blatt: Einfach gefiedert, feineres Laub als Knollen-Sellerie.

Blüte: In Dolden, an 60–100 cm langem Blütenstand, weiß, zwittrig oder eingeschlechtig, Fremdbestäubung.

Nutzung: Einjährige Grundblätter als Salat-, Suppengewürz (zählt zum Blattgemüse).

Gesundheitswert: Bedeutsamer Gehalt an ätherischen Ölen, Mineralstoffen, Vitaminen.

Standort: Mittelschwere, tiefgründige, humose Böden mit ausgeglichener Bodenfeuchte, pH-Wert um 6,5 und höher.

Klima: Feucht und warm.

Anbauzeitraum: Direktsaat ab M V ins Freiland.

Aussaat: Reihenabstand 15 cm mit 50–60 g Saatgut/100 m^2, 1 cm tief.

Nährstoffentzug (g/10 kg Ertrag): N: 26, P: 6, K: 46, Mg: 2.

Düngung (g/m^2): N_{min}-Sollwert: 23, P_2O_5: 6,9, K_2O: 27,7 (Gabe teilen), MgO: 1,7; B-haltige Dünger verwenden.

Wasserbedarf (Niederschlag und Beregnung): 400–600 mm, Hauptbedarf zwischen M VII–A IX, mit 15–20 mm/Gabe beregnen.

Ernte: Ab VII 3 Schnitte im Abstand von 4 Wochen.

Lagerung: Bei 0 °C, 97 % rel. Luftfeuchte.

Sorte: 'Gewöhnlicher Schnitt'.

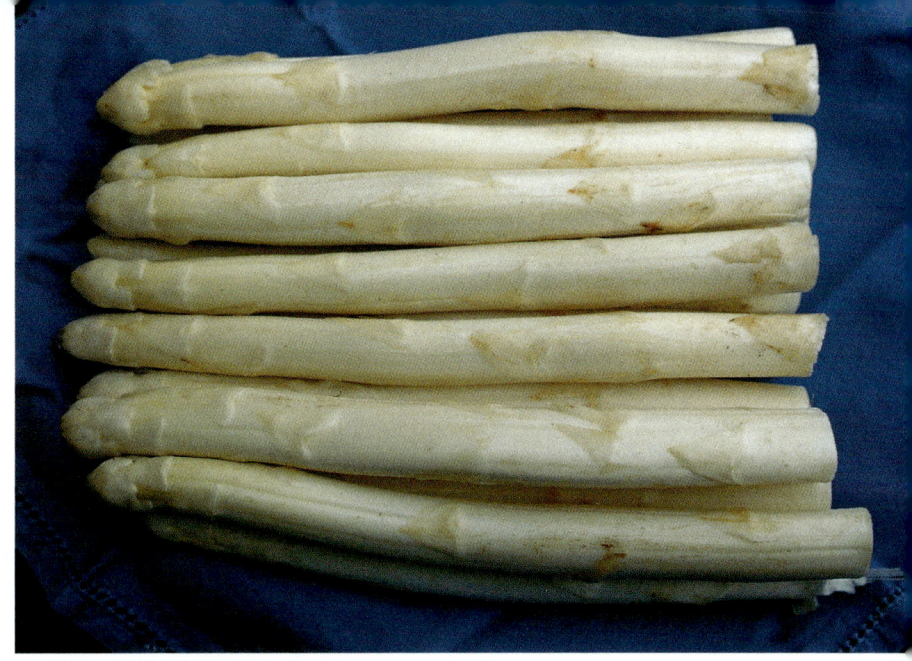

Spargel: Bleich-Spargel
Asparagus officinalis (Asparagaceae, Spargelgewächse)

Herkunft: Vorderasien.
Pflanze: Staude, Rhizom mit fleischigen Speicherwurzeln, zwittrige, weibliche und männliche Pflanzen, männliche Pflanzen bringen früher höhere Erträge.
Blatt: An kahlem Spross chlorophyllfreie Schuppenblätter, aus deren Achseln büschelartige Kurztriebe (Phyllokladien) wachsen.
Nutzung: Gebleichte Sprosse (geschält) als „königliches Gemüse".
Gesundheitswert: Enthält schwefelhaltige, ätherische Öle, Asparaginsäure, Mineralstoffe (u. a. K), Vitamine, Ballaststoffe, Saponine (gelten als antikarzinogen), wirkt harntreibend, alte Arzneipflanze.
Standort: Tiefgründige (1 m), lehmige Sande bis sandiger Lößlehm, pH-Wert 6.
Klima: Optimal sind nach Süden geneigte Anlagen.
Anbauzeitraum: JP E III–A IV pflanzen, Anlage 7–10 Jahre nutzen.

Pflanzung: 1,7–2,5 Pfl./m², 160–180 × 25–33 cm, 18–22 cm tief.
Nährstoffentzug (g/10 kg Ertrag): N: 40, P: 3,6, K: 25, Mg: 2.
Düngung (g/m²): Vor Pflanzung kalken, N_{min}-Sollwert: 8–15, im 2. Jahr 15, in Folgejahren 8–10, P_2O_5: 0,5, K_2O: 1,8, MgO: 0,3, Bodenvorräte im 1. Jahr in 0–60 cm, ab 2. Jahr in 0–90 cm Bodentiefe berücksichtigen.
Wasserbedarf (Niederschlag und Beregnung): Bei Bedarf von VII–VIII.
Ernte: Ca. E IV, im 2. Jahr 14 Tage, im 3. Jahr ca. 28 Tage, ab 4. Jahr bis maximal 24. VI. Stange freilegen, abschneiden bzw. stechen, Stelle wieder füllen, angleichen.
Lagerung: Bei 0,5–1,0 °C, >98 % rel. Luftfeuchte.
Hinweise: Ab 2. Jahr ab II aufdämmen, Folie zur Ernteverfrühung einsetzen.
Sorten: 'Gijnlim'.

Spargel: Grün-Spargel
Asparagus officinalis (Asparagaceae, Spargelgewächse)

Herkunft: Vorderasien.
Pflanze: Ausdauernde Staude, Rhizom mit fleischigen Speicherwurzeln, zwittrige, weibliche, männliche Pflanzen, ohne Dämme kultiviert.
Blatt: Am kahlen Spross, spiralig angeordnet, chlorophyllfreie Schuppenblätter, aus deren Achseln büschelartige Kurztriebe (Phyllokladien) wachsen.
Nutzung: Grüne Sprosse (ungeschält) ungekocht als Salat, gekocht als Gemüse.
Gesundheitswert: Enthält schwefelhaltige, ätherische Öle, Asparaginsäure, Ballaststoffe, Saponine (gelten als antikarzinogen), mehr Mineralstoffe, Vitamine (Carotin, C, B_6) als im Bleich-Spargel, wirkt harntreibend.
Standort: Lehmige Sande bis sandiger Lößlehm, schwerere Böden, pH-Wert >6,0.
Klima: Nach Süden geneigte Anlagen positiv.
Anbauzeitraum: JP E III–A IV pflanzen, Anlage 7–10 Jahre nutzen.
Pflanzung: 2,1–3,0 Pfl./m², 160–180 × 25–22 cm, 12–15 cm tief.
Nährstoffentzug (g/10 kg Ertrag): N: 40, P: 3,6, K: 25, Mg: 2.
Düngung (g/m²): Vor Pflanzung kalken, N_{min}-Sollwert: 8–15, im 2. Jahr 15, in Folgejahren 8–10, P_2O_5: 0,5, K_2O: 1,8, MgO: 0,3, Vorräte im 1. Jahr in 0–60 cm, ab 2. Jahr in 0–90 cm Bodentiefe berücksichtigen.
Wasserbedarf (Niederschlag und Beregnung): Bei Bedarf von VII–VIII.
Ernte: Ab E IV, im 2. Standjahr 14 Tage, im 3. Jahr ca. 4 Wochen, ab 4. Jahr bis maximal 24. VI.
Lagerung: Aufrecht stehend bei 0,5–1,0 °C, Befeuchten der Köpfe vermeiden.
Hinweise: Bodenvorbereitung mindestens 1 Jahr vor Neuanlage, Folien zur Verfrühung einsetzen.
Sorten: 'Spaganiva', 'Violetta': mit violetten Stangen.

Speise- oder Salat-Chrysantheme
Xanthophthalmum coronarium (Asteraceae, Korbblütler)

Herkunft: Südliches Portugal, Mittelmeergebiet.
Pflanze: Einjährige Langtagpflanze, 20–40 cm hoch, wenn nicht geerntet wird, bis 80 cm hoch (in Blüte).
Blatt: Tief gezähnt.
Blüte: Gelbe bis dunkelgelbe Strahlenblüten, weißgelbe Scheibenblüten. VI–IX.
Nutzung: Sprosse, Triebe (Blütenköpfe) als Gemüse. Als Salat, Salatbeilage, gekocht wie Spinat, in Suppen, zur Dekoration, Blütenköpfe in Fett gebacken, mit anregend bitterem Geschmack.
Gesundheitswert: Bedeutender Gehalt an Vitamin C, Carotin, Mineralstoffen (u. a. Eisen).
Standort: Leichte bis mittlere, humose, wasserdurchlässige Böden.
Klima: Kühles Klima bevorzugt (14–22 °C).
Anbauzeitraum: Direktsaat im Freiland von M/E III–A IX (bei VI-, VII-Aussaaten in heißen, trockenen Sommern Gefahr des vorzeitigen Schossens und schlechter Blattqualitäten). Unter Glas ab I vorkultivierte JP pflanzen.
Aussaat: 20–30 × 8–12 cm, 2 cm tief, 1,0–1,2 g Saatgut/m^2; JP-Vorkultur im 3- bis 5-cm-Topf.
Pflanzung: 20 × 20 cm, 25 Pfl./m^2.
Düngung (g/m^2): N: 16, P$_2$O$_5$: 6,4, K$_2$O: 7,0.
Wasserbedarf (Niederschlag und Beregnung): Für gleichmäßige Bodenfeuchte sorgen.
Ernte: Triebe vor Knospenansatz in 10–25 cm Höhe schneiden, 3–4 Ernten möglich.
Lagerung: Bei 1 °C, hoher rel. Luftfeuchte einige Tage.
Hinweise: In Asien beliebtes Gemüse (siehe Asia-Salate).

Speiserübe: Herbst- oder Stoppel-Rübe
Brassica rapa var. *rapa* subvar. *rapifera* (Brassicaceae, Kreuzblütler)

Herkunft: Nicht eindeutig belegt, Mittelmeergebiet wird als Primärzentrum europäischer Formen betrachtet.

Pflanze: Zweijährig, im 1. Jahr werden Blattrosette und Rübe gebildet.

Blatt: Grundständig, behaart, länglich bis oval, ganz, gesägt oder gefiedert.

Blüte: Im 2. Jahr, gelb im Blütenstand (terminale Traube).

Nutzung: Rübe (=Knolle, vom Hypokotyl gebildet, mit roter oder grüner Rinde, weißem oder gelbem Fleisch, klein, kugelig) als Gemüse. Gekocht oder roh als Salat.

Gesundheitswert: Reich an wichtigen Mineralstoffen und ätherischen Ölen.

Standort: Alle gemüsebaulich genutzten Böden geeignet, optimal sind leichtere, humose Sandböden, pH-Wert >6,5.

Klima: Mittel- und westeuropäischem Klima angepasst.

Anbauzeitraum: Direktsaat M V–A VIII.

Aussaat: 25–50 cm Reihenabstand, 10–15 cm in der Reihe mit 15–20 g Saatgut/100 m².

Nährstoffentzug (g/10 kg Ertrag): N: 20, P: 3,6, K: 40, Mg: 3.

Düngung (g/m²): N_{min}-Sollwert: 14, P_2O_5: 4,1, K_2O: 14,4, MgO: 1,5.

Wasserbedarf (Niederschlag und Beregnung): Bei Bedarf.

Ernte: M VIII–XII, je nach Sorte ca. 75–90 Tage nach Aussaat, etwas größer, schwerer als Mai-Rübe.

Lagerung: In kühlen Räumen gut bis IV.

Hinweise: Weite Fruchtfolge zu anderen Kreuzblütlern einhalten, Kulturschutznetze gegen tierische Schädlinge einsetzen.

Sorten: 'Goldball', 'Market Express'.

Speiserübe: Kleine Speiserübe oder Teltower Rübchen
Brassica rapa var. *rapa* subvar. *pygmaea* auch f. *teltowiensis* (Brassicaceae, Kreuzblütler)

Herkunft: Nicht eindeutig belegt, Mittelmeergebiet wird als Primärzentrum europäischer Formen betrachtet.
Pflanze: Zweijährig, frostwiderständig, im 1. Jahr Bildung Blattrosette und Rübchen.
Blatt: Grundständig, fiederteilig, behaart.
Blüte: Im 2. Jahr, weiß, unscheinbar.
Nutzung: Rübchen (gebildet vom Hypokotyl, weißfleischig, plattrund, Wurzel keilförmig verdickt, konisch) als Gemüse. Gedünstet, in Mehl gewendet, geschmort mit würzigem Geschmack zu Entenbraten, Lammfleisch.
Gesundheitswert: Glucosinolate geschmacksbestimmend, reich an wichtigen Mineralstoffen, ätherischen Ölen, geringer Energiegehalt.
Standort: Möglichst magere Sandböden.
Klima: Mittel- und westeuropäischem Klima angepasst.
Anbauzeitraum: Direktsaat von M III–A VIII möglich, nur von M VII–A VIII üblich.
Aussaat: 20×10 cm, 1 cm tief, 50 Pfl./m^2.
Düngung (g/m^2): N_{min}-Sollwert: 14, P_2O_5: 4,1, K_2O: 14,4, MgO: 1,5, nicht nötig, wenn als Nachkultur angebaut.
Wasserbedarf (Niederschlag und Beregnung): Beregnung nicht unbedingt erforderlich.
Ernte: Ca. 75 Tage nach Aussaat von A X–XI bei einem Durchmesser von ca. 3 cm, Blattreste gründlich entfernen.
Lagerung: In kühlen Räumen bis IV.
Hinweise: Von Goethe bereits als Leckerbissen geschätzt, Einsatz von Kulturschutznetzen.
Sorten: 'Teltower Kleine', 'Teltower Rübchen'.

Speiserübe: Mai-Rübe
Brassica rapa var. *rapa* subvar. *majalis* (Brassicaceae, Kreuzblütler)

Herkunft: Nicht eindeutig belegt, Mittelmeergebiet wird als Primärzentrum europäischer Formen betrachtet, weitere Kulturformen in Asien entstanden.
Pflanze: Zweijährig, bildet im 1. Jahr Blattrosette.
Blatt: Grundständig, behaart, länglich bis oval, ganz, gesägt oder gefiedert.
Blüte: Im 2. Jahr, gelb im Blütenstand (terminale Traube).
Nutzung: Kugelige Rübe (= Knolle, wird vom Hypokotyl gebildet, klein mit weißer, roter oder gelber Rinde, weißem oder gelbem Fleisch) als Gemüse. Gekocht, roh als Salat.
Gesundheitswert: Reich an wichtigen Mineralstoffen, ätherischen Ölen.
Standort: Alle gemüsebaulich genutzten Böden, optimal sind leichtere, humose Sandböden, pH-Wert >6,5.
Klima: Mittel- und westeuropäischem Klima angepasst.

Anbauzeitraum: Direktsaat M III–A VIII, Kulturdauer ca. 80 (Saat M III) bis 60 (Saat A VIII) Tage.
Aussaat: Je nach Sorte 20–50 Pfl./m^2, z. B. 20 × 10 cm.
Nährstoffentzug (g/10 kg Ertrag): N: 20, P: 3,6, K: 40, Mg: 3.
Düngung (g/m^2): N_{min}-Sollwert: 14, P_2O_5: 4,1, K_2O: 14,4, MgO: 1,5.
Wasserbedarf (Niederschlag und Beregnung): Bei Bedarf.
Ernte: A VI–A/M X mit einem Durchmesser von 6–8 cm.
Lagerung: Bei 0–0,5 °C, hoher rel. Luftfeuchte (>97%).
Hinweise: Weite Fruchtfolge zu anderen Kreuzblütlern einhalten. Kulturschutznetze gegen tierische Schädlinge einsetzen.
Sorten: 'Tokyo Cross': zartes, schneeweißes Fleisch mit süßlichem Geschmack.

Speiserübe: Stielmus oder Rübstiel
Brassica rapa var. *rapa* subvar. *majalis* (Brassicaceae, Kreuzblütler)

Herkunft: Nicht eindeutig belegt, Mittelmeergebiet wird als Primärzentrum europäischer Formen betrachtet.
Pflanze: Einjährig, frostwiderstandsfähig.
Blatt: Grundständig, behaart, länglich bis oval, ganz, gesägt oder gefiedert.
Blüte: Im 2. Jahr, gelb im Blütenstand (terminale Traube).
Nutzung: Blattstiele als (Kohl-)Gemüse. Roh als Salat, gekocht wie Spinat, als Eintopf, rettichähnlicher Geschmack.
Gesundheitswert: Mit China-Kohl vergleichbare Inhaltsstoffe, z. B. Senföle, Monosaccharide, Fruchtsäuren, geschmacksbildende ätherische Öle, reich an Eiweiß, Vitamin C, energiearm.
Standort: Alle gemüsebaulich genutzten Böden geeignet, optimal sind leichtere, humose Sandböden, pH-Wert >6,5.
Klima: Mittel- und westeuropäischem Klima angepasst.

Anbauzeitraum: Direktsaat unter Glas von XII–III, im Freiland von M III–A VIII. Kulturdauer ca. 60–80 Tage.
Aussaat: Reihenabstand 12–25 cm mit 2,5–4,0 g/m^2, JP-Anzucht in 4-cm-Presstopf.
Nährstoffentzug (g/10 kg Ertrag): N: 20, P: 3,6, K: 40, Mg: 3.
Düngung (g/m^2): N_{min}-Sollwert: 14, P_2O_5: 4,1, K_2O: 14,4, MgO: 1,5; unter Glas N-Grunddüngung von 8 g/m^2.
Wasserbedarf (Niederschlag und Beregnung): Bei Bedarf.
Ernte: Unter Glas ab M II, im Freiland ab A V, ab einer Pflanzenhöhe von 30 cm.
Lagerung: Bei 0–0,5 °C und hoher rel. Luftfeuchte (>97%).
Hinweise: Weite Fruchtfolge zu anderen Kreuzblütlern einhalten, Kulturschutznetze gegen tierische Schädlinge nutzen.
Sorten: 'Namenia'.

Spinat: Blatt-Spinat
Spinacia oleracea (Chenopodiaceae, Gänsefußgewächse)

Herkunft: Unsicher, Kulturbeginn in China.
Pflanze: Einjährige Langtagpflanze, Pfahlwurzel, weibliche, männliche oder zwittrige Pflanzen, weibliche schossen später.
Blatt: Grundständig, sortenabhängig blasig strukturiert, glatt, lang dreieckig oder breitoval.
Blüte: Weibliche unscheinbar in Blattachseln, männliche deutlich sichtbar. V, VI.
Nutzung: Blätter als Gemüse. Frisch oder tiefgefroren als Beilage u. a. zu Fischgerichten, Suppen, Aufläufen.
Gesundheitswert: Reich an Vitamin C, Carotin, Mineralstoffen (Eisen, Kalium), Oxalsäure (wird durch normale Ca-, Vitamin-D-Zufuhr, z. B. Milch, neutralisiert), blutbildend, harntreibend, bei Gallen-, Leberdiäten.
Standort: Tiefgründige, humose Lehmböden, pH-Wert 6,5.
Klima: Geringe Ansprüche, Winterspinat in geschützten Lagen kultivieren.

Anbauzeitraum: Direktsaat ab E II (bis A III mit zeitweilig Folie/Vlies) bis 10. X.
Aussaat: Reihenabstand 20–30 cm, 4–7 g Saatgut/m^2, 3–4 cm tief.
Nährstoffentzug (g/10 kg Ertrag): N: 36, P: 5, K: 55, Mg: 5.
Düngung (g/m^2): N_{min}-Sollwert: 17, P_2O_5: 3,4, K_2O: 19,9, MgO: 2,5; Ammoniumdünger positiv.
Wasserbedarf (Niederschlag und Beregnung): Bis 200 mm, bei trockener, warmer Witterung vor dem Auflaufen sowie späte Aussaaten beregnen.
Ernte: 10. V–A V des Folgejahres, Blattspinat mit Stielanteil.
Lagerung: Frisch verzehren, bei 0–0,5 °C, > 97 % rel. Luftfeuchte maximal 14 Tage.
Sorten: 'Tornado', 'Cherokee'.

Spinat: Wurzel-Spinat
Spinacia oleracea (Chenopodiaceae, Gänsefußgewächse)

Herkunft: Unsicher, Kulturbeginn in China, u. a. über Spanien nach Europa gelangt.
Pflanze: Einjährige Langtagpflanze, Pfahlwurzel reicht bis 140 cm tief.
Blatt: Grundständig, 20–30 cm hoch, sortenabhängig blasig strukturiert, glatt, hell- bis dunkelgrün, lang dreieckig oder breitoval.
Blüte: Weibliche unscheinbar in Blattachseln, männliche deutlich sichtbar. V–VIII.
Nutzung: Als Blattgemüse.
Gesundheitswert: Reich an Vitamin C, Mineralstoffen (Eisen, Kalium), Oxalsäure (wird durch normale Ca-, Vitamin-D-Zufuhr, z. B. Milch, neutralisiert), blutbildend, harntreibend, bei Gallen-, Leberdiäten.
Standort: Tiefgründige, humose Lehmböden, pH-Wert 6,5.
Klima: Geringe Ansprüche, Überwinterungsanbau in geschützten Lagen.
Anbauzeitraum: Direktsaat ab E II (bis A III mit zeitweilig Folie/Vlies) bis 10. X.
Aussaat: 16×3 cm, 200 Korn/m², 3–4 cm tief.
Nährstoffentzug (g/10 kg Ertrag): N: 36, P: 5, K: 55, Mg: 5.
Düngung (g/m²): N_{min}-Sollwert: 17, P_2O_5: 3,4, K_2O: 19,9, MgO: 2,5; ammoniumhaltige Dünger bevorzugen.
Wasserbedarf (Niederschlag und Beregnung): Bis 200 mm, bei trockener, warmer Witterung vor dem Auflaufen und späte Aussaaten beregnen.
Ernte: 10. V–A V des Folgejahres bevor erste Blütenknospen sichtbar werden, ganze Rosette dicht unter dem Boden schneiden, Wurzel wird nicht mitgeerntet.
Lagerung: Bei 0–0,5 °C, >97 % rel. Luftfeuchte maximal 14 Tage.
Hinweise: Anbau im Winter im Gewächshaus möglich.

Süßkartoffel
Ipomoea batatas (Convolvulaceae, Windengewächse)

Herkunft: Im tropischem Amerika beheimatet.

Pflanze: Ausdauernd, einjährig kultiviert, wächst kletternd, niederliegend, am Boden kriechend, an niederliegenden Sprossen bilden sich an jedem Knoten Wurzeln, deren mittlerer Abschnitt sich knollenförmig verdickt.

Blatt: Kurz bis lang gestielt, sortenabhängig herzförmig gezähnt, tief gespalten oder verschiedenartig gelappt, grün bis purpurfarben.

Blüte: Weiß bis rötlich, trichterförmig in Trauben.

Nutzung: Knollen (=verdickte Wurzeln) als Gemüse mit süßlichem Geschmack. Gekocht, gebraten oder gebacken als Beilage u. a. zu Fisch, Fleisch, Wild, industriell zu Stärke und anderem verarbeitet.

Gesundheitswert: Stärke-, zucker-, eiweißreich, reich an Kalium, Vitamin A.

Standort: Warme, lockere, wasserdurchlässige, nährstoffreiche Böden bevorzugt, pH-Wert 5,4–6,4.

Klima: Optimal tropisches, subtropisches Klima, gemäßigte Breiten noch günstig.

Anbauzeitraum: Knollen M–E V (zeitweise unter Vlies/Folie) pflanzen.

Pflanzung: 4–6 Pfl./m^2, z. B. 45–70 × 30–50 cm.

Düngung (g/m^2): N_{min}-Sollwert: 3,5–6,7, P_2O_5: 5–29,2, K_2O: 10,2–20,5, Stalldung zur Vorfrucht.

Wasserbedarf (Niederschlag und Beregnung): Wasserbedürftig.

Ernte: E IX–E X (vor Frosteintritt), wenn die Blätter zu vergilben beginnen.

Lagerung: Bis zu 6 Monate bei 13–15 °C, 85–90 % rel. Luftfeuchte, rote Sorten sind besser lagerfähig; konserviert, getrocknet.

Hinweise: 3- bis 4-jährigen Fruchtwechsel einhalten.

Thymian
Thymus vulgaris (Lamiaceae, Lippenblütler)

Herkunft: Mittelmeerraum.
Pflanze: Ausdauernd, 20–40 cm hoher, stark verzweigter Halbstrauch, in Mitteleuropa nicht frosthart, Stängel aufrecht, im unteren Teil verholzt, vierkantig.
Blatt: Gegenständig, kurz gestielt oder sitzend, linealisch bis lanzettlich, leicht grau behaart, mit zahlreichen dunklen Drüsen, eingerolltem Rand.
Blüte: In Achseln der oberen Blätter, dunkelviolett bis rosafarben, in unpaarigem Quirl. VI–IX.
Nutzung: Blätter, junge Triebe als Würzkraut. Frisch, gemahlen als Gewürz u. a. für Fleischspeisen, Suppen, Soßen.
Gesundheitswert: Wertvoll durch ätherische Öle (u. a. 40–50 % Thymol), mit Gerb-, Bitterstoffen, Thymiankampfer, anwenden bei Symptomen von Bronchitis, Keuchhusten, Katarrhen der oberen Luftwege, gilt als stärkend und den Organismus belebend.

Standort: Locker, möglichst kalkreich, lehmig-sandig, pH-Wert 7–8.
Klima: Sonnige, trockene, windgeschützte Lagen.
Anbauzeitraum: Direktsaat M IV–M V. Vorkultivierte JP ab M V pflanzen.
Aussaat: 35–45 × 20–25 cm, flach, 50–80 g Saatgut/100 m^2.
Pflanzung: 25–30 × 15–20 cm, 20–22 Pfl./m^2.
Nährstoffentzug (g/10 kg Ertrag): N: 44, P: 5,2, K: 64, Mg: 5.
Düngung (g/m^2): N: 6,5 (in 2 Gaben), P$_2$O$_5$: 1,8, K$_2$O: 11,6, MgO: 1,3.
Wasserbedarf (Niederschlag und Beregnung): Nach der Ernte bei Trockenheit beregnen.
Ernte: Kurz vor der Blüte, im 1. Jahr ein Schnitt A IX, im 2. Jahr 2 Schnitte VI, A IX.
Lagerung: Getrocknet an luftigem Ort.
Hinweise: Anbau im Gewächshaus möglich.
Sorten: 'Deutscher Winterthymian', 'Tabor'.

Tomate
Lycopersicon esculentum (Solanaceae, Nachtschattengewächse)

Herkunft: Südamerika.
Pflanze: Krautartig, bei uns einjährig kultiviert, mit Seiten-(Geiz-)trieben, Buschtomaten mit begrenztem, Stabtomaten mit unbegrenztem Längenwachstum.
Blatt: Kurz gestielt, gefiedert, behaart.
Blüte: Zwittrig im Blütenstand (Traube).
Nutzung: Früchte (bot. Beere), vorzüglicher Geschmack, vielseitig verwendbar (s. S. 161).
Gesundheitswert: Reich an Vitaminen, Mineralstoffen, hoher Gehalt an sekundären Pflanzenstoffen (u. a. Lycopin, Carotine, Flavonoide), stärkt Immunsystem, gilt als antikarzinogen. Kein Genuss unreifer Tomaten!
Standort: Warme, humose, sandige Lehmböden, pH-Wert 5,5–7,0.
Klima: Optimal 21–24 °C, Bodentemperatur 18–23 °C.
Anbauzeitraum: JP im Weinbauklima ab E IV–A V unter Vlies oder Folie, sonst ab M V pflanzen.
Aussaat: Für Pflanzung A–M V von 20. III–A IV in Erdtöpfe, Multitopfplatten unter Glas aussäen.
Pflanzung: 3,3–4 Pfl./m^2, 0,50–0,75 × 0,40–0,50 m (Buschtomaten), 2,5–3 Pfl./m^2, z. B. 0,80 × 0,50 m (Stabtomaten).
Nährstoffentzug (g/10 kg Ertrag): N: 30, P: 3, K: 30, Mg: 4.
Düngung (g/m^2): N_{min}-Sollwert: 10 (nicht <5 bis Kulturende), P_2O_5: 5, K_2O: 26, MgO: 5, N-Kopfdüngung 5–6 g ab Beginn Fruchtwachstum (bei ca. 8 kg Ertrag/m^2).
Wasserbedarf (Niederschlag und Beregnung): Hoher Bedarf, Tropfbewässerung optimal.
Ernte: Ab E VII bis zum ersten Frost.
Lagerung: Bei 8–10 °C, 80–85 % rel. Luftfeuchte 1–2 Wochen.
Hinweise: Geiztriebe entfernen, 4-jährigen Fruchtwechsel einhalten.
Sorten: 'Vanessa', 'Harzfeuer' (Stabtomaten), 'Hofmanns', 'Rentita' (Buschtomaten).

Tomate (Treib-)
Lycopersicon esculentum (Solanaceae, Nachtschattengewächse)

Herkunft: Mittel- und Südamerika.
Pflanze: Krautartig, bei günstigen Bedingungen mehrjährig, bei uns einjährig, in Blattachseln entwickeln sich Geiztriebe.
Blatt: Kurz gestielt, gefiedert, leicht behaart.
Blüte: Zwittrig im Blütenstand (Traube) mit 8–12 Blüten.
Nutzung: Früchte (bot. Beere, sortenabhängige Farben, Formen) als Gemüse. Mit vorzüglichem Geschmack, vielseitig verwendbar, u. a. roh, gekocht.
Gesundheitswert: Inhaltsstoffe, Wirkung siehe Freilandtomaten (S. 160). Aufgrund von Solaningehalt kein Verzehr unreifer Früchte!
Standort: Humose, tiefgründige Böden, pH-Wert 5,0–7,0.
Klima: Nach Pikieren tags 18–20 °C, nachts 16–18 °C, lüften ab 22 °C.
Anbauzeitraum: Vorkultivierte JP ab 20. III ins temperierte, ab 10. IV ins frostfreie Haus, ab 5. V ins Kalthaus pflanzen.

Aussaat: Für Pflanzung 20. III ab A II in Erdtöpfe oder Multitopfplatten aussäen. Keimung bei 25 °C, dann 22 °C.
Pflanzung: 2,5–3 Pfl./m^2, z. B. 100 × 33 cm.
Nährstoffentzug (g/10 kg Ertrag): N: 30, P: 3, K: 30, Mg: 4.
Düngung (g/m^2): Stark ertragsabhängig, z. B. bei 20 kg/m^2 N_{min}-Sollwert: 16 zu Kulturbeginn, jede 2. Woche um 1 reduzieren, nicht <10, P_2O_5: 13,7, K_2O: 72,2, MgO: 13,3; N, K in mehreren Gaben, Stallmistgabe positiv.
Wasserbedarf (Niederschlag und Beregnung): 600–950 l/m^2, nach dem Pflanzen zunächst sparsam bewässern, später Boden gleichmäßig feucht halten.
Ernte: Ab A VI.
Lagerung: Bei 8–10 °C, 80–85 % rel. Luftfeuchte 1–2 Wochen.
Hinweise: Geiztriebe regelmäßig entfernen.
Sorten: 'Sweet 100', 'Favorita', 'Sportivo', 'Gourmet'.

▲ Cherrytomaten: 'Favorita', 'Evita' mit roten Einzelfrüchten; 'Goldita' mit gelben Einzelfrüchten, 12–15 g schwer.

▲ Cocktail-Tomaten: 'Goldino' – Frucht 30–40 g, frischer aromatischer Geschmack. Weitere Sorten: 'Aranca', 'Flavorino' mit roten Früchten.

▲ Eiertomaten: 'Roma', 'Loreta' mit roten eiförmigen Früchten, 80–100 g schwer.

▲ Pflaumencherry-Tomate: 'Fioline' – Frucht 15–20 g, leuchtend rot.

▼ Traubentomaten: 'Bolzano' – Frucht 90–100 g, orange, gesundheitsfördernd durch besonders hohen Gehalt an Vitamin A.

▼ Balkontomate: 'Yellow Canary' – Pflanzenhöhe ca. 30 cm, gelbe aromatische Früchte mit 2,5 cm Durchmesser. Weitere Sorte: 'Red Robin' – rote Früchte.

Topinambur
Helianthus tuberosus (Asteraceae, Korbblütler)

Herkunft: In Mexiko beheimatet, von da entlang der Ostküste Nordamerikas ausgebreitet, von Nordamerika nach Europa gekommen.

Pflanze: Ausdauernde Kurztagpflanze, aus Achsen der Niederblätter entspringen unterirdische Ausläufer, an deren Spitzen kartoffelgroße Knollen entstehen.

Blatt: An verzweigtem Stängel, grob gesägt, herzförmig, eiförmig bis lanzettlich, rau.

Blüte: Ab VIII, dann mehr als 2–3 m hoch.

Nutzung: Knolle (spindelförmig, kartoffelgroß, unregelmäßig geformt, außen gelb, braun oder violett, innen weiß) als Gemüse. Wie Kartoffeln gedünstet, gebraten oder gebacken.

Gesundheitswert: Reich an Kalium, Eisen, durch Inhaltsstoff Inulin bei Diabetikern geschätzt, enthält Betain, Cholin, Saponine, gelten als krebshemmend, Eignung als Appetitregulator.

Standort: Lockere, gut durchlüftete Böden mit ausreichender Wasserdränage, pH-Wert 6,5–7.

Klima: Mitteleuropäischem Klima angepasst.

Anbauzeitraum: Pflanzung kleiner Knollen im XI oder III/IV.

Pflanzung: 60–100 × 30–40 cm, 5–10 cm tief; je nach Knollengröße 15–20 kg/100 m².

Nährstoffentzug (g/10 kg Ertrag): N: 18, P: 5, K: 50, Mg: 2.

Düngung (g/m²): N_{min}-Sollwert: 8, P_2O_5: 5,7, K_2O: 30,1, MgO: 1,7.

Wasserbedarf (Niederschlag und Beregnung): In Trockenjahren wirkt Zusatzberegnung ertragssteigernd.

Ernte: Ab X bis in das Frühjahr.

Lagerung: Im Kühlschrank (Gemüsefach in Plastiktüte) oder in Feldmieten einige Wochen.

Hinweise: Bei feuchter Lagerung besteht Schimmelgefahr, deshalb rasch vermarkten.

Ysop
Hyssopus officinalis ssp. *officinalis* (Lamiaceae, Lippenblütler)

Herkunft: Südeuropa, Vorderasien.
Pflanze: Ausdauernder Halbstrauch. Stängel verästelt, vierkantig, verholzend, bis 70 cm lang.
Blatt: Kreuzgegenständig sitzend, schmal lanzettlich, am Rand etwas nach unten gerollt, mit Öldrüsen, Insektenpflanze.
Blüte: Violettblau, selten rosafarben oder weiß, in Scheinwirtel. VI–IX.
Nutzung: Blätter als Gewürz. Fein gehackt, frisch oder getrocknet zum Würzen u. a. von Fleischspeisen, Salaten, Bohnengemüse.
Gesundheitswert: Mit Bitter- und Gerbstoffen, ätherischen Ölen, Tee wird Wirkung u. a. bei Leiden der Atmungsorgane zugesprochen.
Standort: Positiv sind lockere, durchlässige, leicht kalkhaltige Böden, pH-Wert 6,5–7,5.
Klima: Vollsonnige, trockene Lagen.
Anbauzeitraum: Direktsaat IV/V. Besser M V vorkultivierte JP verwenden, mehrjährig.

Aussaat: 40–60 × 25–35 cm, 5–8 g Saatgut/10 m^2. JP-Vorkultur: M III in Anzuchtpaletten oder Erdpresstöpfen aussäen.
Pflanzung: 5–7 Pfl./m^2, 40–60 × 25–35 cm.
Düngung (g/m^2): N: 4–6, P$_2$O$_5$: 3–5, K$_2$O: 8–10, im 2., 3. Jahr 4 g/m^2 N zum Austrieb und nach 1. Schnitt.
Wasserbedarf (Niederschlag und Beregnung): Beregnung nicht erforderlich, in längeren Trockenperioden positiv.
Ernte: Kraut vor oder zum Blühbeginn 8–10 cm über dem Boden schneiden, im 1. Jahr eine Ernte im Spätsommer, in Folgejahren E VI/A VII und A/M IX.
Lagerung: Trocken, staubfrei.

Zitronen-Melisse
Melissa officinalis (Lamiaceae, Lippenblütler)

Herkunft: Östliches Mittelmeergebiet.
Pflanze: Staude, bedingt frosthart, 50–100 cm hoch, Stängel vierkantig, drüsig behaart.
Blatt: Gegenständig angeordnet, gestielt, eiförmig, hellgrün, Unterseite heller als Oberseite, mit Drüsen, gekerbtem Rand.
Blüte: Im 2. Jahr, mit fünf gelblichen oder bläulich weißen Kronblättern, Blütenstände in Scheinwirtel. VI–VIII.
Nutzung: Junge Triebe als Würzkraut. Mit zitronenartigem Geschmack, u. a. zu Rohkostsalaten, Eier-, Fisch-, Fleischspeisen.
Gesundheitswert: Gehalt an ätherischen Ölen (0,05–0,15 %) nimmt gegen Herbst zu, als Tee verwenden mit Wirkung gegen nervös bedingte Einschlafstörungen, Magen-Darm-Beschwerden, verdauungsfördernd, schweißtreibend.
Standort: Humose, tiefgründige Böden, pH-Wert 6,2–7,2.
Klima: Warme, sonnige, geschützte Lagen bevorzugt.
Anbauzeitraum: Vorkultivierte JP E IV–M V oder E VIII–M IX pflanzen. Direktsaat ab E IV/A V.
Aussaat: JP-Anzucht unter Glas/im Frühbeet M–E III in Anzuchtpaletten, Erdpresstöpfe. Direktsaat mit 60–65 cm Reihenabstand.
Pflanzung: 5–7 Pfl./m^2, 50–75 × 30 cm.
Nährstoffentzug (g/10 kg Ertrag): N: 50, P: 6,2, K: 63, Mg: 6.
Düngung (g/m^2): N: 15 (in Teilgaben, zumindest nach jedem Schnitt), P$_2$O$_5$: 2,1, K$_2$O: 22,9, MgO: 3.
Wasserbedarf (Niederschlag und Beregnung): Bei Trockenheit und nach Pflanzung.
Ernte: Junge Triebspitzen laufend schneiden, zum Trocknen vor der Blüte schneiden.
Lagerung: Luftig und trocken.
Hinweise: Vermehrung im Spätsommer durch Stecklinge oder Stockteilung möglich.

Zitronenstrauch oder Zitronen-Verbene
Aloysia triphylla (Verbenaceae, Eisenkrautgewächse)

Herkunft: Südamerika, Ende des 18. Jh. nach Europa gebracht.
Pflanze: Halbstrauch bis 2 m hoch, mit zitronenartigem Duft, nicht ganz winterhart.
Blatt: Lanzettlich, ganzrandig, in Quirlen angeordnet, Unterseite dicht mit Drüsen besetzt.
Blüte: Blassrosa, bilden endständige lange Trauben. VII–IX.
Nutzung: Blätter, junge Triebspitzen als Gewürz. Frisch, getrocknet, in kleinen Mengen zu Braten, Saucen, Salaten, zur Bereitung von Likörs, getrocknete Blätter als Tee.
Gesundheitswert: Enthält ätherische Öle, wirkt gegen Blähungen, Übelkeit, Herzklopfen (hohe Dosen oder Anwendungen über längeren Zeitraum können innere Entzündungen verursachen).
Standort: Schwere, kalkhaltige Böden.
Klima: Geschützte, sonnige Lagen, bei 4–10 °C überwintern.

Anbauzeitraum: Aussaat im Frühjahr unter Glas möglich. Vermehrung über Stecklinge im Sommer üblich.
Aussaat: Bei 18–22 °C.
Düngung (g/m^2): In der Wachstumsperiode alle 3–4 Wochen nachdüngen.
Wasserbedarf (Niederschlag und Beregnung): Bei Bedarf, während der Überwinterung wenig gießen.
Ernte: Blätter können laufend gepflückt werden, Triebspitzen kurz vor der Blüte abschneiden.
Lagerung: Trocken und gut verschlossen aufbewahren.
Hinweise: Bei uns als Kübelpflanze verwendet. Im Herbst verliert der Strauch seine Blätter.

Zucker-Mais
Zea mays Saccharata Grp. (Poaceae, Gräser)

Herkunft: Mittelamerika.
Pflanze: Krautartig, einjährig.
Blatt: Lanzettähnlich, breit, grün.
Blüte: Männliche in an Halmspitze zusammengefassten Rispen, weibliche bilden Kolben in Blattachsen.
Nutzung: Maiskörner ohne/mit dem Kolben als Gemüse. Roh, gekocht, gedünstet, gegrillt, als Minimais oder süßsauer eingelegt.
Gesundheitswert: Mit hohem Zuckergehalt, günstigem Zucker-Säure-Verhältnis, bemerkenswertem Vitamin-B-, Eiweiß-, Mineralstoffgehalt.
Standort: Bei guter Struktur und Durchlässigkeit alle Böden geeignet, pH-Wert 6–7.
Klima: Trotz hoher Wärmeansprüche (optimal 15–35 °C) in Mitteleuropa kultivierbar.
Anbauzeitraum: Direktsaat in Weinbaugebieten ab M IV unter Vlies und Folie, sonst M V–M VI ins Freiland; JP bei den ersten Sätzen möglich.

Aussaat: Direkt 60–80 × 20–25 cm, 5–7 Korn/m^2 bzw. 10–12 Korn/m^2, z.B. 50 × 20 cm (minimal), 3–4 cm tief. JP-Anzucht unter Glas in 3- bis 4-cm-Töpfen. Keimung ab 10 °C, 20–25 °C optimal.
Pflanzung: 5–7 Pfl./m^2, 75 × 20 cm, Minimais 10–12 Pfl./m^2; z.B. 50 × 20 cm.
Nährstoffentzug (g/10 kg Ertrag): N: 35, P: 7, K: 22, Mg: 3,5.
Düngung (g/m^2): N$_{min}$-Sollwert: 6, P$_2$O$_5$: 3,2, K$_2$O: 5,3, MgO: 1,2.
Wasserbedarf (Niederschlag und Beregnung): Bei Trockenheit mehrmals mit 20–25 mm/Gabe nach Befruchtung bis 3 Wochen nach Rispenschieben.
Ernte: M VII–E IX, ca. 3–4 Wochen nach Schieben der Narben, die braun und vertrocknet sind, schnell herunterkühlen.
Lagerung: Bei 0–0,5 °C, 92–95 % rel. Luftfeuchte 5–8 Tage.

Zuckerwurzel
Sium sisarum (Apiaceae, Doldenblütler)

Herkunft: Nicht sicher bekannt, vermutlich China, Vorderasien, Kaukasus bis Westsibirien.

Pflanze: Ausdauernd, sehr frosthart, bis 1,20 m hoch, im 1. Jahr Wurzelwerk mit 10–15 Wurzeln.

Blatt: Im 1. Jahr, grundständig, 30–50 cm hoch, untere Blätter gefiedert, obere dreizählig.

Blüte: Im 2. Jahr, weiß, an 0,80–1,50 m hohem Stängel in zusammengesetzten Dolden. VII/VIII.

Nutzung: Wurzeln (30 cm lang, 2–3 cm dick) gekocht, gebacken als Gemüse. Holziger Zentralzylinder im Wurzelzentrum stört, daher vor oder nach dem Kochen entfernen. Aromatisch süß und mehlig schmeckend.

Gesundheitswert: Geschmacksbestimmend: Stärke, Saccharose, Casein, Lignin, lösliche Salze, Pektinsäure, Mineralstoffe. Früher als Heilmittel bei Lungenerkrankungen.

Standort: Alle Böden geeignet, optimal tief gelockerte Böden.

Klima: Mitteleuropäischem Klima angepasst, lichter Schatten ist positiv.

Anbauzeitraum: Direktsaat im IV, VIII–IX und X. Vorkultivierte JP im III–IV oder IX pflanzen.

Aussaat: 20–30 × 10–15 cm, 50 g Saatgut/100 m². Samen bei Frühjahrs- und Spätsommersaaten vorquellen.

Pflanzung: 30 × 25 cm, 13 Pfl./m².

Düngung (g/m²): N_{min}-Sollwert: 7–9, P_2O_5: 7,3, K_2O: 37,9, MgO: 2,3 (wie Möhren), K in 2–3 Gaben.

Wasserbedarf (Niederschlag und Beregnung): Bei Trockenheit bewässern.

Ernte: Von Herbst bis Frühjahr.

Lagerung: Im Sandeinschlag im Keller.

Hinweise: Vermehrung durch Wurzelschößlinge oder Wurzelkronen möglich, aber u. a. nicht so zart und wohlschmeckend.

Zwiebeln: Schalotte
Allium cepa Aggregatum Grp. (Alliaceae, Zwiebelgewächse)

Herkunft: Wildvorkommen in Vorderasien, Orient. In Europa seit dem 13. Jh. bekannt.
Pflanze: Ausdauernd, buschig, 15–25 cm hoch, mit Infloreszenzschaft 60–100 cm, Habitus ähnlich Schnitt-Lauch, geringe Schossneigung, verträgt im Boden Fröste bis –8 °C, vegetativ vermehrt.
Blatt: Röhrig, dünner, kürzer als bei Speisezwiebel.
Nutzung: Blätter wie Schnitt-Lauch. Schalotten roh, gekocht zum Würzen u. a. von Soßen, Fisch-, Fleischgerichten (Zwiebelgemüse). Gegenüber Speise-Zwiebel pikanterer, würzigerer, milderer Geschmack.
Gesundheitswert: Wie Speise-Zwiebel mit schwefelhaltigen, ätherischen Ölen, Vitaminen, Mineralstoffen, sekundären Pflanzenstoffen. Stärkt Immunsystem.
Standort: Leichte, sandige Böden, pH-Wert 6–7,5.
Klima: Warme, sonnige Lagen bevorzugt.
Anbauzeitraum: Brutzwiebelpflanzung M III–A IV, Direktsaat möglich.
Pflanzung: 25–30 × 10–20 cm, 16,6 (stark wüchsige Sorten) bis 33 (klein bleibende) Pfl./m^2, 4–5 cm tief.
Düngung (g/m^2): N_{min}-Sollwert: 6, P_2O_5: 4,8, K_2O: 14,4, MgO: 1,5, keine organische Düngung.
Wasserbedarf (Niederschlag und Beregnung): In Trockenzeiten von M V–M VI beregnen.
Ernte: Zwiebeln bei mittelfrühen Reifegruppen ab M VII ca. 115–110 Tage nach Pflanzung, ab M VIII ca. 145–140 Tage nach Aussaat. Blätter können während der Vegetationszeit geschnitten werden.
Lagerung: Bei 0 °C, 70–75 % rel. Luftfeuchte mindestens 6 Monate, Pflanzgut bei 12 °C lagern.
Sorten: 'Golden Gourmet': außen goldbraun, 'Red Sun': außen rotbraun.

Zwiebel: Speise-Zwiebel
Allium cepa Cepa Grp. (Alliaceae, Zwiebelgewächse)

Herkunft: Mittel-, Westasien.
Pflanze: Zweijährig, flach wurzelnd.
Blatt: Röhrig, aufgeblasen, grün bis blaugrün.
Blüte: Etwa hundert Einzelblüten in kugeliger Scheindolde. VI–VIII.
Nutzung: Zwiebel (stark gestauchter Haupttrieb bildet Scheibe, sog. Zwiebelboden, darauf sind Schalen oder Blätter angeordnet, die von außen mit Trockenhäuten umgeben sind; in Schalen erfolgt Reservestoffeinlagerung, es entsteht Zwiebel als fleischige Verdickung). Roh, gekocht, geschmort, süß, aromatisch, scharf schmeckend als Würzgemüse.
Gesundheitswert: Ätherische Öle (Senföl) geschmacksbestimmend, mit hohem Glucose-, Fructosegehalt, Vitaminen, Kalium, sekundären Pflanzenstoffen, wirkt u. a. antikarzinogen, thrombose-, entzündungshemmend, fördert Verdauung, stärkt Immunsystem.

Standort: Warme, nährstoff-, humusreiche Böden, pH-Wert 6–7.
Klima: Anbau in weitem Temperaturbereich, günstig ist warmer, trockener Spätsommer.
Anbauzeitraum: Direktsaat III–A IV (Sommer-), 10.–25. VIII (Winteranbau).
Aussaat: 70–90 Pfl./m^2 (Einzelkornablage), 2–3 cm tief; z. B. 30 × 4 cm.
Nährstoffentzug (g/10 kg Ertrag): N: 18, P: 3,5, K: 20, Mg: 1,5.
Düngung (g/m^2): N_{min}-Sollwert: 12, P_2O_5: 4,8, K_2O: 14,4, MgO: 1,5, keine organische Düngung.
Wasserbedarf (Niederschlag und Beregnung): 400–600 mm, hoher Bedarf bei Sommerzwiebeln von VI–VII.
Ernte: Sommerzwiebeln ab E VII, Winterzwiebeln ab M VI–A VII (sortenabhängig).
Lagerung: Bei 0 °C, 60–70 % rel. Luftfeuchte mehrere Monate.
Sorten: 'Summit' (Sommerzwiebel).

Zwiebel: Winterheck-Zwiebel
Allium fistulosum (Alliaceae, Zwiebelgewächse)

Herkunft: China.
Pflanze: Ausdauernd, winterfest, mit porreeähnlichem Schaft, ein- bis dreijährig kultivierbar; ohne Zwiebelbildung.
Blatt: Röhrenartig, stirbt nur in ungünstigen Wintern ab, Neuaustrieb im Frühjahr.
Blüte: Weißgrün in Dolden, Blütenschaft 40–75 cm lang. VI/VII.
Nutzung: Blätter (langschäftig ähnlich Porree, gekocht, geschmort als Zwiebelgemüse, roh als Salat).
Gesundheitswert: Wie Speise-Zwiebel mit schwefelhaltigen, ätherischen Ölen, Vitaminen, Zucker, Kalium, reich u. a. an sekundären Pflanzenstoffen.
Standort: Leichte bis mittelschwere, humose Böden.
Klima: Sonnige, warme Lagen optimal.
Anbauzeitraum: Frühjahr-/Sommersaaten A III–M VII direkt ins Freiland, Herbstsaaten A–E VIII ins Freiland oder Kalthaus. JP-Verwendung im III/IV möglich. Mehrjährig.
Aussaat: Direkt 150–200 Korn/m^2, 3 cm tief. JP-Vorkultur: 3–4 Korn/Presstopf aussäen.
Pflanzung: 25–30 × 20 cm, 17–20 Töpfe/m^2.
Nährstoffentzug (g/10 kg Ertrag): N: 18, P: 3,5, K: 20, Mg: 1,5.
Düngung (g/m^2): N_{min}-Sollwert: 18, P_2O_5: 4,8, K_2O: 14,4, MgO: 1,5, keine organische Düngung, P, K im Spätherbst oder A III, N-Gaben, z. B. bei Herbstsaaten, A/M III, nach 1. Ernte A/E IV und nach weiteren 6 Wochen.
Wasserbedarf (Niederschlag und Beregnung): Im 1. Jahr ab M V, im 2. und 3. Jahr von M VI–E VII bei Trockenheit beregnen.
Ernte: A VI–M/E X bei Frühjahrs-, A IV–M V bei Herbstsaaten.
Lagerung: Bei 0,5 °C, >95 % rel. Luftfeuchte bis zu 10 Tage.
Sorten: 'Bunching Star'.

Pilze

Austern-Seitling oder Austernpilz
Pleurotus ostreatus (Polyporaceae, Porlingsartige)

Herkunft: Heimisch.
Hut: Grau bis schwarz oder violettbraun, 5–15 cm ø. Lamellen weißlich, gedrängt, herablaufend.
Stiel: Kurz, gerippt, gerillt, knollig, zum Verzehr ungeeignet, außer bei jungen Fruchtkörpern.
Fleisch: Weich mit angenehmem Geruch und Geschmack.
Verwendung: Guter Speisepilz, z. T. als „Kalbfleischpilz" bezeichnet, frisch als Salat, gedünstet, geschmort, gebraten, sauer eingelegt.
Gesundheitswert: Mineralstoff-, vitaminreich, hemmt nach japanischen Versuchen das Tumorwachstum.
Standort: Kultur auf Strohsubstrat als Sackkultur, in Kisten oder auf z. B. 30–50 cm langen Buchen-, Pappel-, Birkenholzabschnitten mit Erdkontakt.
Klima: Spicken, Besiedlung bei 22–24 °C (Substrattemperatur 30 °C), 90–95 % rel. Luftfeuchte (Dauer ca. 16–23 Tage im geschlossenen Raum), Fruchtkörperinduktion bei <15 °C, 95–98 % rel. Luftfeuchte, während des Heranwachsens 80–85 % rel. Luftfeuchte.
Anbauzeitraum: Raumkultur ganzjährig. Im Freien Kultur von IV–E VI anlegen.
Pflanzung: Substratkultur: Substrat mit Brut gleichmäßig vermischen, in Säcke füllen. Anbau auf Holz: z. B. Bohrloch-Impfmethode.
Wasserbedarf (Niederschlag und Beregnung): Sackkulturen ohne Wassergabe. Beim Anbau auf Holz Impfstäbchen vor dem Impfen 1 Minute in handwarmes Wasser legen. Während Fruchtkörperentwicklung zwei- bis dreimal pro Woche beregnen.
Ernte: Beginn, wenn Fruchtkörperrand von der nach unten geneigten Stellung in die Waagerechte übergeht. Natürliches Vorkommen: X–III.
Lagerung: Fruchtkörper bei 2–4 °C.

▲ Kräuter-Seitling oder Mannstreu-Seitling
Pleurotus eryngii
Hut: Schmutzig weiß bis dunkelbraun, fleischig, 4–13 cm ø. Lamellen weiß bis weißgelb.
Stiel: Seitlich oder zentral angeordnet, 2–5 cm lang, weiß. **Fleisch:** Weiß, elastisch mit angenehmem Geschmack. **Standort:** Kultur auf Substrat.
Anbauzeitraum: Ganzjährig möglich.

Taubenblauer Austern-Seitling
Pleurotus ostreatus var. *columbinus*
Hut: Im Gegensatz zum Austern-Seitling blau- oder blaugrün gefärbt.

Rillstieliger Seitling
Pleurotus cornucopiae
Hut: Kreisrund, weiß bis gelb gefärbt, 4,0–6,5 × 2,5–6,5 cm groß. **Stiel:** Knollig. **Fleisch:** Weiß, weich, von mildem Geschmack. Stark nach Anis, gelegentlich auch mehlartig riechend.

◄ Sommeraustern-Seitling
Pleurotus pulmonarius
Fruchtkörper: Einzeln stehend. **Hut:** Austern-, teller- oder helmartig, weiß, braun oder graubraun, 3–12 cm groß. **Fleisch:** Gelblich, oft süßlich riechend.

Champignon: Brauner Champignon oder Zweisporiger Egerling
Agaricus bisporus (Agariaceae, Blätterpilze)

Herkunft: Heimisch.
Hut: Bis 10 cm breit, dickfleischig fest, blassbraun gefärbt mit weißlicher Randzone. Kleine Schuppen auf Oberhaut zerfließen leicht. Form: glockig, später abgeflacht, in der Mitte niedergedrückt. Hutrand bleibt lange eingerollt. Lamellen fleischrosa, später dunkellila.
Stiel: Weiß, glatt, kahl, gleichmäßig dick, 3–6 cm lang.
Fleisch: Weiß, saftig, mit angenehmem, mildem, aromatischem Geschmack.
Verwendung: Vielseitig.
Gesundheitswert: Mineralstoff-, vitaminreich, antibakterielle Wirkung.
Standort: Kultur auf Champignonsubstrat (u. a. aus Stroh, Pferdedung bestehend).
Klima: Mitteleuropäischem Klima angepasst. In Kultur: zur Besiedlung 22–26 °C, 85–95 % rel. Luftfeuchte (ca. 12–16 Tage), zur Fruchtkörperinduktion 17–20 °C.

Anbauzeitraum: Als Raumkultur ganzjährig in Sätzen.
Pflanzung: Substrat mit Brut vermischen, nach 14–16 Tagen 4–5 cm Deckerdeschicht aufbringen.
Wasserbedarf (Niederschlag und Beregnung): Nach Abdecken Wassergaben von 1–2 l/m^2, bis Deckerde sehr feucht bis nass (Feuchtegehalt 70 %). Feucht halten. Zu Beginn der Fruchtkörperentwicklung ein- bis zweimal pro Tag maximal 1 l/m^2 sprühen.
Ernte: Ab 18–21 Tage nach Abdecken kontinuierliche Ernte oder in Wellen. Natürliches Vorkommen: V–XI.
Lagerung: Möglichst frisch verzehren. Bei +2 °C bis zu 1 Woche haltbar.
Hinweise: Ausgangsform für die meisten Formen des Kulturchampignons. Zwischen 7. und 9. Tag nach Abdecken, wenn Myzel als weiße Flecken sichtbar, Deckerde aufrauen oder -kratzen.

Champignon: Edel- oder Kultur-Champignon
Agaricus bisporus (Agariaceae, Blätterpilze)

Herkunft: Kulturform des Naturbraunen Egerlings.

Hut: Bis 10 cm breit, dickfleischig fest, weiß mit weißlicher Randzone, Oberfläche glatt oder leicht schuppig. Form: glockig, später abgeflacht, in der Mitte niedergedrückt. Hutrand bleibt lange eingerollt. Lamellen hellrosa, später dunkellila.

Stiel: Weiß, glatt, kahl, gleichmäßig dick, 3–6 cm lang.

Fleisch: Weiß, dick, fest, mit angenehmem Geruch, roh mit leicht nussartigem Geschmack.

Verwendung: Vielseitig, als Diätkost.

Gesundheitswert: Durch Phenol-, Chinonderivate antibakterielle Wirkung.

Standort: Kultur auf Champignonsubstrat.

Klima: Zur Besiedlung (Myzelentwicklung) 22–26 °C, 85–95 % rel. Luftfeuchte. Zur Fruchtkörperinduktion (nach ca. 12–16 Tagen) auf 16–17 °C abkühlen.

Anbauzeitraum: Ganzjährig als Raumkultur in Sätzen.

Pflanzung: Substrat mit Brut spicken, nach 14–16 Tagen 4–5 cm Deckerdeschicht aufbringen.

Wasserbedarf (Niederschlag und Beregnung): Nach Abdecken Wassergaben von 1–2 l/m^2, bis Deckerde sehr feucht bis nass (Feuchtegehalt 70 %). Feucht halten. Zu Beginn der Fruchtkörperentwicklung ein- bis zweimal pro Tag maximal 1 l/m^2 sprühen.

Ernte: Ca. 18–21 Tage nach Abdecken beginnend, kontinuierliche Ernte oder in Schüben (Wellen).

Lagerung: Möglichst frisch verzehren.

Hinweise: Zwischen 7. und 9. Tag nach Abdecken mit Kratzbesen oder Harke Deckerde aufrauen oder aufkratzen.

Judasohr oder Chinesische Morchel
Auricularia auricula judae (Auriculariaceae, Ohrlappenpilze)

Herkunft: Asien, Europa, im Süden Deutschlands heimisch.
Hut: 2–8 cm breit, braun bis rötlich braun gefärbt, Oberfläche feinsamtig. Fruchtkörper sehen wie umgedrehte Schüsseln oder Muscheln aus.
Stiel: Kurz.
Fleisch: Dünn, gallertartig, knorpelig, getrocknet hart wie Horn. Stark würzig, aromatisch im Geschmack.
Verwendung: Vorzüglicher Speisepilz u. a. als Beilage zu Fleisch- oder Nudelgerichten.
Gesundheitswert: Als „Heilmittel" zur Linderung von Augenentzündungen, Hals-, Rachenleiden, wirkt Thrombosen entgegen.
Standort: Kultur auf spez. Sägemehlsubstrat oder auf 10–20 cm dicken, mind. 6 Wochen alten Holunder-, Buchenholzabschnitten.
Klima: Zur Besiedlung 22–25 °C, Fruchtkörperbildung bei 18–25 °C, 95–99 % rel. Luftfeuchte.

Anbauzeitraum: Ganzjährig möglich.
Pflanzung: In Substratbeutel Brut von außen einbringen. Einstichstellen mit Klebeband verschließen. Anbau auf Holzstämmen: Schnitt-Impfmethode. Alternativ: 4–5 cm dicke Scheibe abschneiden, Schnittfläche mit Körnerbrut bedecken, Scheibe auflegen, in der Mitte festnageln, Schlitz mit Folie umwickeln.
Wasserbedarf (Niederschlag und Beregnung): Substrat, Stämme gleichmäßig feucht halten.
Ernte: Fruchtkörperbildung beginnt bei optimalen Bedingungen ca. 6–7 Wochen nach Beimpfen. Natürliches Vorkommen: VIII–III.
Lagerung: Bei 2–4 °C.

Kulturträuschling oder Braunkappe
Stropharia rugoso-annulata (Strophariaceae, Schuppenpilze)

Herkunft: Heimisch.
Hut: 6–10 bzw. 20 cm breit, im Jungendstadium halbkugelförmig, später ausgebreitet, zunächst graubraun, manchmal schmutzig gelbbraun oder weiß, klebrig, später rotbraun, kastanien- oder weinrötlich. Lamellen grau, später dunkellila.
Stiel: 8–20 cm lang, dick, in der oberen Hälfte gerieft, mit mehr oder weniger zerrissenem Ring.
Fleisch: Weiß, ziemlich dick, fest, riecht schwach rettichartig, schmeckt mild.
Verwendung: Gebraten, geschmort, getrocknet.
Standort: Kultur auf Substrat, Strohballen z. B. im Frühbeetkasten, im schattierten Glas- oder Folienhaus, im Freien unter Baumgruppe oder Hecke.
Klima: Zur Besiedlung 25 °C (maximal 35 °C, im Beetinneren nicht <−5 °C) für ca. 4 Wochen, dann 13–20 °C.

Anbauzeitraum: Anlage von V–VI oder IX–M X; im beheizbaren Haus ganzjährig.
Pflanzung: Walnussgroße Myzelstücke im Abstand von 20 × 20 cm auf dem Substrat verteilen. Mit einer 6–8 cm dicken Strohschicht, gefolgt von einer gelochten Folie abdecken; nach Besiedlung 5 cm Deckerdeschicht (z. B. gut verrottete Komposterde).
Wasserbedarf (Niederschlag und Beregnung): Substrat auf 70 % Feuchte halten. Während Fruchtbildung und Ernte Deckerde regelmäßig befeuchten.
Ernte: Nach Aufreißen des Velums glockenförmige Hüte im Frühbeet ab M VII–E VIII, je nach Sorte 70–90 Tage nach Beimpfen, Herbstkulturen ab A/M V des Folgejahres. Natürliches Vorkommen: VII/VIII–X.
Lagerung: Bei 2–4 °C.
Hinweise: Äußerlich dem Steinpilz ähnlich.

Lackporling, Glänzender
Ganoderma lucidum (Ganodermataceae, Lackporlinge)

Herkunft: Asien, Europa, auch in Deutschland heimisch.
Hut: Meist nierenförmig oder verschieden rund, kolbig gestaltet, etwas runzlig, anfangs hellgelb, später rötlich braun bis schwarzbraun, wie lackiert aussehend, seitlich gestielt.
Stiel: Im Jugendstadium wie langer, rötlicher Finger, der aus dem Substrat ragt, manchmal verzweigt.
Fleisch: Holzig hart.
Verwendung: Mehr Gewürz- als Speisepilz.
Gesundheitswert: Als „Pflanze der Unsterblichkeit" bezeichnet, Heilmittel.
Standort: Natürliches Vorkommen u. a. in Auen-, Hainbuchenwäldern. Kultur u. a. auf Erlen-, Birken-, Eichen-, Buchenholzabschnitten (40–50 cm lang, 15–25 cm ø) oder Fertigsubstrat.
Klima: Zur Besiedlung 24–25 °C, Fruchtkörperbildung bei 20–26 °C.

Anbauzeitraum: Ganzjährig möglich. Im Freien Kultur von V–IX anlegen. Stämme tragen 4–6 Jahre.
Pflanzung: Im Substratbeutel (Fertigkultur) ist Brut bereits eingebracht. Bei Verwendung von Hölzern: Impfstäbchen (Stäbchenbrut) in 5 cm tiefe Löcher einschlagen.
Wasserbedarf (Niederschlag und Beregnung): Impfstäbchen für 1 Minute wässern. Beimpfte Substrate, Hölzer ausreichend feucht halten.
Ernte: Fruchtkörperbildung beginnt je nach Temperatur nach bis zu 15 Monaten. Zwei- bis viermal pro Jahr treten Fruchtkörper auf, bevorzugt im Frühjahr und Herbst.
Lagerung: Bei 2–4 °C.
Hinweise: Hölzer für Erntephase auf einem schattigen Platz mindestens $3/4$ ihrer Länge in die Erde eingraben.

Samtfußrübling oder Winterpilz
Flammulina velutipes (Tricholomataceae, Ritterpilze)

Herkunft: Europa, Fernost, auch in Deutschland heimisch.
Hut: Klein, 3–6 cm ø, leuchtend gelb bis rostbraun, dunkler Fleck in der Mitte, klebrige Oberfläche. Lamellen weiß, ockerfarben.
Stiel: 4–10 cm lang, dünn.
Fleisch: Cremefarben, gelb, mild, würzig schmeckend.
Verwendung: Gedünstet, geschmort oder getrocknet.
Gesundheitswert: In japanischen Versuchen wurde Antitumoreffekt beobachtet.
Standort: Kultur u. a. auf Buchen-, Rosskastanienholzabschnitten (40–50 cm lang, 20–30 cm ø) an schattigem Platz mit Erdkontakt oder auf Sägemehlsubstrat in Weithalsflaschen.
Klima: Besiedlung bei 17–25 °C, Dauer: 2–4 Monate, Fruchtkörperbildung bei < 12–14 °C. Im Kulturraum: Besiedlung bei 18–20 °C, zur Fruchtkörperbildung 10–12 °C, 80–85 % rel. Luftfeuchte, Dunkelheit, dann 1 Woche 3–5 °C, bei 2 cm Stiellänge 5–8 °C, 75–80 % rel. Luftfeuchte.
Anbauzeitraum: Im Freien von V–IX anlegen, im Raum ganzjährig möglich.
Pflanzung: Substrat mit Körner- oder Substratbrut beimpfen. Bei Verwendung von Hölzern Impfstäbchen (Stäbchenbrut) in 5 cm tiefe Löcher einschlagen.
Wasserbedarf (Niederschlag und Beregnung): Vor dem Beimpfen Substrat auf 60 % Feuchte einstellen, gleichmäßig feucht halten. Hölzer in Trockenperioden einmal pro Woche, während Fruchtkörperbildung zwei- bis dreimal pro Woche beregnen.
Ernte: Im Raum beginnt Fruchtkörperbildung ca. 2 Wochen nach Ende Myzelbesiedlung. Natürliches Vorkommen: XI–E III.
Lagerung: Bei 2–4 °C.

Schopftintling
Coprinus comatus (Coprinaceae, Tintenpilze)

Herkunft: Heimisch.
Hut: Anfangs zylindrisch, eiförmig bis kugelig, 4–14 cm hoch, 3–6 cm breit, weiß, filzschuppig, später vom Rand her glockig aufgerollt, schwarz werdend, zerfließend. Lamellen anfangs weiß.
Stiel: Weiß, hohl, schlank, 10–20 cm lang, in Basisnähe mit schmalem Ring.
Fleisch: Weiß, fest.
Verwendung: Unter anderem gebraten, gedünstet, geschmort.
Gesundheitswert: Blutzuckersenkend, mit antibiotischen Stoffen.
Standort: Kultur auf Champignonsubstrat in Kisten, auf Stellagen im Kulturraum.
Klima: Im Kulturraum zur Besiedlung 22–25 °C, Substrattemperatur 25 °C, 85–90 % rel. Luftfeuchte, Dauer: 14–21 Tage. Zur Fruchtkörperentwicklung (ca. 7–11 Tage nach Abdecken) 17–18 °C, während der Ernte 15–19 °C.

Anbauzeitraum: In geschlossenen Räumen ganzjährig anlegen.
Pflanzung: Walnussgroße Brutstücke ca. 5 cm tief in das Substrat drücken. Nach Besiedlung 3–5 cm Deckerdeschicht aufbringen.
Wasserbedarf (Niederschlag und Beregnung): Substrat vor dem Impfen ausreichend befeuchten. Nach Abdecken 4–5 l Wasser/m^2 verteilt auf mehrere Tage sprühen, später beregnen.
Ernte: Im Raum ganzjährig 21–26 Tage nach Abdecken in Wellen mit 7–12 Tagen Abstand. Natürliches Vorkommen: VIII–X.
Lagerung: Nur junge Fruchtkörper (glatte Hutoberfläche, beginnende Schuppenbildung) bei 2–4 °C maximal 6 Tage möglich.
Hinweis: Wenn Myzel auf der Deckerde sichtbar wird, Substrat aufrauen.

Schwefelkopf, Rauchblättriger
Hypholoma capnoides (Strophariaceae, Schuppenpilze)

Herkunft: Heimisch.
Hut: Gelb bis braungelb, orangefarbene Mitte, jung halbkugelig, dann gewölbt, schließlich abgeflacht. Rand erst mit weißlichen, später dunkelbraunen, häutigen Velumresten überzogen, 2–6 cm breit. Lamellen gelblich blass, später rauchgrau, alt grauviolett, kaum gedrängt stehend.
Stiel: Oben weißlich, seidig, gegen die Basis rostbraun, oft gebogen, schlank, hohl, feinfaserig, 5–8 cm lang, für Verzehr ungeeignet.
Fleisch: Weißlich, im Stiel bräunlich, weich, dünn, im Stiel zähfaserig, Geruch angenehm, Geschmack mild.
Verwendung: Frisch oder getrocknet.
Standort: Natürliches Vorkommen auf totem Nadelholz, hauptsächlich von Fichten, Kiefern. Kultur auf Abschnitten dieser Hölzer, sowie auf Buche, Eiche, an schattigem Platz mit Erdkontakt.
Klima: Mitteleuropäischem Klima angepasst.

Anbauzeitraum: Im Freien Kulturanlage von IV–E VI. Kulturdauer 3–6 Jahre.
Pflanzung: Stämme an 2 gegenüberliegenden Stellen (30–40 cm von Stirnseiten entfernt) anschneiden, Körnerbrut einfüllen, mit Plastikstreifen abdecken. Alternativ: Bohrloch-Impfmethode.
Wasserbedarf (Niederschlag und Beregnung): Hölzer feucht halten, bei Trockenheit einmal pro Woche, während Fruchtkörperbildung zwei- bis dreimal pro Woche beregnen.
Ernte: Erste Ernte im Herbst, dann ganzjährig. Natürliches Vorkommen: IX–XII.
Lagerung: Getrocknet möglich.
Hinweise: Einziger Speisepilz, der sich auf Nadelholz kultivieren lässt.

Shii-take
Lentinus edodes (Polyporaceae, Porlingsartige)

Herkunft: Ostasien.

Hut: Hell- oder dunkelbraun, 5–12 cm ø, mit Schuppen, tiefen Rissen, im Jungstadium glockenförmig, später einer umgedrehten Untertasse ähnlich. Lamellen weiß, zartgelb, später bräunlich.

Stiel: 3–5 cm lang, weiß bis bräunlich.

Fleisch: Weiß, Geschmack vorzüglich, mit knoblauchartigem Geruch.

Verwendung: Gedünstet, gebraten, geschmort.

Gesundheitswert: Vitamin-, mineralstoffreich, senkt Zucker-, Cholesterinwerte im Blut, hemmt nach japanischen Versuchen das Tumorwachstum, erhöht Widerstand gegenüber Grippeviren, kräftigend, belebend, u. a. als „Lebenselixier" bezeichnet.

Standort: Kultur u. a. auf Eichen-, Buchenholzabschnitten (1,0–1,2 m lang, 8–20 cm ø) oder sog. Schüttsubstraten, im Schatten bzw. schattierten Folienhaus.

Klima: Zur Myzelbildung 22–25 °C (nicht < 15 °C, > 25 °C), Fruchtkörperbildung bei 5–25 °C, abhängig vom Kulturstamm.

Anbauzeitraum: Im Raum ganzjährig möglich, im Freien von IV–VI anlegen.

Pflanzung: Beimpfung des Holzes mit Schnitt- oder Bohrloch-Impfmethode, im Stapel lagern.

Wasserbedarf (Niederschlag und Beregnung): Während Besiedlung Hölzer feucht halten (40–55 % Feuchtegehalt), bis Myzel an Stirnseiten der Hölzer erscheint. Nach Trockenphase fördert 24- bis 48-stündige Beregnung Fruchtkörperbildung.

Ernte: Ca. 12–24 Monate nach Beimpfung. Beim erwerbsmäßigen Anbau auf Substraten nach ca. 12 Wochen.

Lagerung: Gut haltbar.

Hinweise: Mit Auftreten der ersten Fruchtkörper Hölzer kreuzweise gegen eine in ca. 1 m Höhe angebrachte Latte stellen.

Stockschwämmchen
Kuehneromyces mutabilis (Strophariaceae, Schuppenpilze)

Herkunft: Europa.
Hut: Gelblich, zimtfarben, 3–8 cm (manchmal bis 10 cm) ø, dunklerer Rand, oft gebuckelt. Fruchtkörper wachsen in der Natur häufig in Büscheln.
Stiel: Dünn, 6–10 cm lang.
Fleisch: Weiß, duftet würzig, aromatischer Geschmack.
Verwendung: Aromatische Hüte für Soßen, Suppen, getrocknet oder frisch.
Gesundheitswert: Zählt zu den wohlschmeckendsten Speisepilzen. Antitumoraktivität in japanischen Versuchen beobachtet.
Standort: Natürliches Vorkommen an Laub-, selten Nadelbaumstümpfen, Kultur auf Holzunterlagen (Rot-, Hainbuche, Erle, Birke, Pappel, Weide), ca. 20 cm ø, 30–50 cm lang, an schattigem Platz mit Erdkontakt aufstellen.
Klima: Besiedlung bei 22–24 °C in 3–4 Monaten. Fruchtkörperbildung findet je nach Kulturstamm zwischen 14 und 24 °C statt.

Anbauzeitraum: Ganzjährig möglich, im Freien Anlage von IV–VI. Kultur auf Holz kann 5–7 Jahre genutzt werden.
Pflanzung: Brutpaste bzw. Körnerbrut in vorgebohrte Löcher oder vorgesägte Einschnitte füllen (50 g Körnerbrut/Impfeinschnittstelle), verschließen.
Wasserbedarf (Niederschlag und Beregnung): Gleichmäßig feucht halten, bei Trockenheit einmal pro Woche, während Fruchtkörperbildung zwei- bis dreimal pro Woche beregnen.
Ernte: Erstmals nach 10–16 Monaten nach Beimpfung. Natürliches Vorkommen: IV–XII.
Lagerung: Bei 2–4 °C.
Hinweise: Kultur auf Substrat (u. a. mit Buchenhackschnitzel, -sägemehl) möglich. Bei Kultur im geschlossenen Raum für hohe rel. Luftfeuchte sorgen.

Anhang

Glossar

Alkaloide: Organische Stickstoffverbindungen, die in Pflanzen vorkommen, z. B. Koffein.

Ätherische Öle: Ölartige Gemische von sich leicht verflüchtigenden Stoffen, die stark riechen.

Blattspreite: Flächiger Teil des Blattes.

Einhäusig: Pflanzen, bei denen eingeschlechtige männliche und weibliche Blüten auf einer Pflanze vorkommen.

Fruchtkörper: Teil des Pilzkörpers, an dem oder in dem die Sporen gebildet werden.

Gewächshaus: Frostfreie Überwinterung: bei Temperaturen von 5–10 °; Kalthaus: 10–14 °C, meist hell und luftig; Temperiertes Haus: 14–18 °C, mäßig warm, hell (subtropische Gewächse).

Habitus: Äußeres Erscheinungsbild der Pflanze.

Kurztagpflanze: Pflanzen, die im Kurztag blühen, d. h., die Blüte wird ausgelöst, wenn eine kritische Tageslänge unterschritten wird.

Langtagpflanze: Pflanzen, die im Langtag blühen, d. h., die Blüte wird ausgelöst, wenn eine kritische Tageslänge (bei einigen Pflanzen 12–14 Stunden) überschritten wird.

Lamellen: Blattartige Träger der Fruchtschicht bestimmter Hutpilze, verlaufen auf der Hutunterseite vom Stiel zum Hutrand.

pH-Wert: Säuregrad im Boden, der u. a. die Verfügbarkeit von Nährstoffen bestimmt. Er hängt von der Bodenart, dem Gehalt des Bodens an Ton- und Feinanteilen ab. Die Gemüsearten stellen unterschiedliche Ansprüche, die zwischen den pH-Werten 5,5 und 7,5 liegen.

Röhren: Röhrenartige Träger der Fruchtschicht bestimmter Hutpilze, welche auf der Hutunterseite vom Stiel zum Hutrand in senkrechter Anordnung verlaufen.

Velum: Schutzhülle, die den jungen Fruchtkörper bestimmter Pilze ganz (Gesamthülle) oder nur teilweise (Teilhülle) umhüllt.

Zentraler Stiel: Ein zur Hutmitte verlaufender Stiel.

Literaturverzeichnis

Bärtels, A.: Pflanzen des Mittelmeerraumes. 2. Auflage. Verlag Eugen Ulmer, Stuttgart 2003.

Bauer, K.: Gemüse – Frische Ideen für den Garten. Verlag Eugen Ulmer, Stuttgart 2005.

Becker, K., John, S.: Farbatlas Nutzpflanzen in Mitteleuropa. Verlag Eugen Ulmer, Stuttgart 2000.

Blancke, R.: Farbatlas Exotische Früchte – Obst und Gemüse der Tropen und Subtropen. Verlag Eugen Ulmer, Stuttgart 2000.

Bocksch, M.: Das praktische Buch der Heilpflanzen: Kennzeichen, Heilwirkung, Anwendung, Brauchtum. 2. überarbeitete Auflage, BLV Verlagsgesellschaft mbH München – Wien – Zürich, München 1996.

Boros, G.: Unsere Küchen- und Gewürzkräuter. 4. Auflage. Verlag Eugen Ulmer, Stuttgart 1981.

Bruno Nebelung GmbH, Kiepenkerl Pflanzenzüchtung: Hauptkatalog 2003, Bruno Nebelung GmbH, Everswinkel.

Bruno Nebelung GmbH, Kiepenkerl Pflanzenzüchtung: Jungpflanzen Frühjahr 2005, Bruno Nebelung GmbH, Everswinkel.

Bundessortenamt (Hrsg.): Beschreibende Sortenliste Kartoffeln. Deutscher Landwirtschaftsverlag GmbH, Hannover 2002.

Callauch, R.: Gewürz- und Heilkräuter. Verlag Eugen Ulmer, Stuttgart 1998.

Enza Zaden Deutschland GmbH & Co. KG: Hauptkatalog 2005, Enza Zaden Deutschland GmbH & Co. KG, Dannstadt-Schauernheim.

Fink, M., Institut für Gemüse- und Zierpflanzenbau, Großbeeren/Erfurt (Hrsg): Düngung im Freilandgemüsebau. UNZE Verlags- und Druckgesellschaft mbH, Potsdam, 2001.

Fritz, D., Stolz, W.: Gemüsebau. 9. Auflage. Verlag Eugen Ulmer, Stuttgart 1989.

Gesellschaft für angewandte Mykologie und Umweltstudien mbH (GAMU), Institut für Pilzforschung: Anleitung für den Anbau von Austernpilzen (*Pleurotus* ssp.) auf Holzstämmen, Stand 8.1.2004.

Gesellschaft für angewandte Mykologie und Umweltstudien mbH (GAMU), Institut für Pilzforschung: Anleitung für den Anbau der Braunkappe – Kulturträuschling (*Stropharia rugoso-annulata*) auf Strohsubstrat, Stand 8.1.2004.

Gesellschaft für angewandte Mykologie und Umweltstudien mbH (GAMU), Institut für Pilzforschung: Anleitung für den Anbau des Glänzenden Lackporlings (*Ganoderma lucidum*) auf Holzstämmen, Stand 8.1.2004.

Gesellschaft für angewandte Mykologie und Umweltstudien mbH (GAMU), Institut für Pilzforschung: Anleitung für den Anbau des Samtfußrüblings (*Flammulina velutipes*) auf Holzstämmen, Stand 8.1.2004.

Gesellschaft für angewandte Mykologie und Umweltstudien mbH (GAMU), Institut für Pilzforschung: Anleitung für den Anbau des Shii-take (*Lentinula edodes*) auf Holzstämmen, Stand 8.1.2004.

Gesellschaft für angewandte Mykologie und Umweltstudien mbH (GAMU), Institut für Pilzforschung: Anleitung für den Anbau des Stockschwämmchens (*Kuehneromyces mutabilis*) auf Holzstämmen, Stand 8.1.2004.

Hartmann, H.D.: Düngung im Gemüsebau. COMPO GmbH, Münster 1997.

Hartmann, H.D., Pfülb, E., Zengerle, K.H.: Wasserverbrauch und Bewässerung von Gemüse. Gesellschaft zur Förderung der Forschungsanstalt Geisenheim, 2000.

Hensel, W.: Das Kosmos-Kräuterbuch – erkennen, sammeln, verwenden. Franckh-Kosmos Verlag GmbH & Co, Stuttgart 1994.

Herrmann, K.: Inhaltsstoffe von Obst und Gemüse. Verlag Eugen Ulmer, Stuttgart 2001.

HILD Samen: Katalog 2004 „Von Artischocken bis Zwiebeln", Marbach.

JULIWA Gemüse: Hauptkatalog 2004, Juliwa-Enza GmbH & Co. KG, Samenzucht und Samengroßhandel, Heidelberg.

KLEINOD, B.: Gärten intelligent planen und gestalten. Verlag Eugen Ulmer, Stuttgart 2004.

KREUZER, J.: Kreuzers Gartenpflanzen Lexikon 7: Gemüse, Kräuter, Kulturpilze. 1. Auflage. Verlag Bernhard Thalacker, Braunschweig 1998.

KRUG, H.: Gemüseproduktion. 2. Auflage. Verlag Paul Parey, Berlin und Hamburg, 1991.

KRUG, H., LIEBIG, H.-P., STÜTZEL, H. (Hrsg): Gemüseproduktion. Verlag Eugen Ulmer, Stuttgart 2002.

Landwirtschaftskammer Hannover: Unveröffentlichtes Manuskript. 1998.

LELLEY, J.: Pilzanbau – Biotechnologie der Kulturspeisepilze. 2. Auflage. Verlag Eugen Ulmer, Stuttgart 1991.

LELLEY, J.: Pilzkultivierung als Erlebnishobby und Freizeitbeschäftigung. GAMU, Krefeld, 2004.

Rijk Zwaan Samenzucht und Samenhandlung GmbH: Sortiment 2003/2004, Welver.

SCHLAGHECKEN, J., ENGL, G., MAYNC, A., ZIEGLER, J.: Neustädter Hefte – Anbau- und Sortenhinweise für den Gemüsebau 2003/04. Heft 5, 11. erweiterte Auflage.

SCHUMAN, E.: Chili, Paprika & Co. Verlag Eugen Ulmer, Stuttgart 2005.

SCHUPHAN, W.: Gemüsebau auf ernährungsphysiologischer Grundlage. Hans A. Keune-Verlag, Hamburg 1948.

VDLUFA (1997): Phosphordüngung nach Bodenuntersuchung und Pflanzenbedarf. VDLUFA-Standpunkt vom 16.09.1997.

VDLUFA (1999): Kaliumdüngung nach Bodenuntersuchung und Pflanzenbedarf. Richtwerte für die Gehaltsklasse C. VDLUFA-Standpunkt vom 14.09.1999.

VOGEL, G.: Handbuch des speziellen Gemüsebaus. Verlag Eugen Ulmer, Stuttgart 1996.

WONNEBERGER, C., KELLER, F.: Gemüsebau. Neufassung. Verlag Eugen Ulmer, Stuttgart 2004.

ZANDER: Handwörterbuch der Pflanzennamen. 17. Auflage bearbeitet von ERHARDT, W., GÖTZ, E., BÖDEKER, N. und SEYBOLD, S. Verlag Eugen Ulmer, Stuttgart 2002.

Register der deutschen Pflanzennamen

Amchoi 19
Andenbeere 16
Artischocke 17
Asia-Salate 18 f.
Aubergine 20
Aubergine (Treib-) 21
Austernpilz 174
Austern-Seitling 174

Baby leaf lettuce 134
Bärlauch 22
Basilikum 23
Basilikum (Treib-) 25
Basilikum, Rotlaubiges 24
Basilikum, Strauch- 24
Basilikum, Thai- 24
Basilikum, Zitronen- 24
Beifuß 26
Birnenmelone 118
Bischofsmütze 97
Bittergurke (Treib-) 61
Blatt-Senf 19
Blaukraut 80
Bohne:
    Busch-Bohne 27
    Dicke Bohne 28
    Feuer-Bohne 29
    Lima-Bohne 30
    Mond-Bohne 30
    Mungbohne 31
    Puff-Bohne 28
    Sojabohne 32
    Spaghettibohne 33
    Spargelbohne 33
    Stangen-Bohne 34
    Stangen-Bohne (Treib-) 35
Bohnenkraut:
    Einjähriges Bohnenkraut 36
    Mehrjähriges Bohnenkraut 37
    Sommer-Bohnenkraut 36
    Winter-Bohnenkraut 37
Borretsch 38
Braunkappe 179
Brennnessel:
    Große Brennnessel 39
    Kleine Brennnessel 40
Brokkoli 74

Cardy 41
Champignon:
    Brauner Champignon 176
    Edel-Champignon 177
    Kultur-Champignon 177
    Zweisporiger Egerling 176
Chicorée (Treib-) 42
Chillies 116
Chinesische Morchel 178
Chinesischer Senf-Kohl 113

Dill, Garten- 43
Dill, Garten- (Treib-) 44
Dost 112

Eberraute 45
Echter Speik 98
Eierfrucht 20
Eierfrucht (Treib-) 21
Eiskraut 46
Endivie:
    Breitblättrige Endivie 47
    Frisée-Endivie 48
    Krause Endivie 48
Erbse:
    Kichererbse 49
    Mark-Erbse 50
    Pal-Erbse 51
    Schal-Erbse 51
    Zucker-Erbse 52
Erdbeerspinat 53
Erdnuss 54
Estragon 55

Feldsalat 56
Feldsalat (Treib-) 57
Fenchel:
    Gemüse-Fenchel 58
    Gewürz-Fenchel 59
    Knollen-Fenchel 58
Flaschenkürbis 91

Garten-Melde 60
Gurke:
    Bittergurke 61
    Einlege-Gurke 62
    Einlege-Gurke (Treib-) 63
    Salat-Gurke (Treib-) 64
Gurkenkraut 38

Haferwurzel 65
Herbst-Rübe 152

Ingwer 66

Judasohr 178

Kalebasse 91
Kap-Stachelbeere 16
Kartoffel, Speise- (Früh-) 67
Kerbel:
    Garten-Kerbel 68
    Kerbelrübe 69
    Knollenkerbel 69
Kerbelrübe 69
Kichererbse 49
Kleiner Wiesenknopf 122
Knoblauch 70
Knoblauch, Schnitt- 71
Knollenkerbel 69
Kohl:
    Blaukraut 80
    Blumen-Kohl 72 f.
    Brokkoli 74
    China-Kohl 75
    Grün-Kohl 76
    Grün-Kohl, Rotblättriger 77
    Kohlrabi 78
    Kohl-Rübe 84
    Minarettkohl 73
    Rosen-Kohl 79
    Rot-Kohl 80
    Spitz-Kohl 82
    Steck-Rübe 84
    Toskanischer Palm-Kohl 77
    Türmchenkohl 73
    Weiß-Kohl 81 f.
    Weiß-Kohl, Mini- 82
    Wirsing-Kohl 83
    Zier-Kohl 77
Kohlrabi 78
Kohl-Rübe 84
Komatsuna 19
Koriander 85
Kresse:
    Blumenkresse 88
    Brunnenkresse 86
    Garten-Kresse 87
    Kapuzinerkresse 88
    Löffelkraut 89
    Löffelkresse 89
Kulturträuschling 179
Kümmel 90
Kürbis:
    Bischofsmütze 97
    Flaschenkürbis 91
    Garten-Kürbis 92 f.
    Garten-Kürbis (Treib-) 94
    Gemüse-Kürbis 92 f.
    Gemüse-Kürbis (Treib-) 94

Hokkaido-Kürbis 97
Hubbard-Kürbis 97
Kalebasse 91
Patisson 95
Riesen-Kürbis 96
Speise-Kürbis 96
Turban-Kürbis 97
Zucchini 92 f.
Zucchini (Treib-) 94

Lackporling, Glänzender 180
Lady's Fingers 111
Lavendel, Echter 98
Liebstöckel 99
Linse 100
Little gem 142
Löffelkraut 89
Löffelkresse 89

Maggikraut 99
Mai-Rübe 154
Majoran 101
Mangold:
   Blatt-Mangold 102
   Schnitt-Mangold 102
   Stiel-Mangold 103
Meerrettich 104
Melone:
   Honig-Melone 107
   Muskat-Melone 107
   Netz-Melone 107
   Wassermelone 105
   Zucker-Melone 106
Mizuna 19
Möhre:
   Bundmöhre 108
   Waschmöhre 109
Mungbohne 31

Neuseeländer Spinat 110

Okra 111
Oregano 122

Pak Choi 113
Pak Choi, Mini- 18
Paprika 114, 116
Paprika (Treib-) 115 f.
Paprika, Chillies 116
Paprika, Gemüse- 116
Paprika, Gewürz- 116
Paprika, Peperoni 116
Paprika, Spanischer Pfeffer 116

Paprika, Tabasco 116
Pastinake 117
Patisson 95
Peperoni 116
Pepino 118
Perilla 19
Petersilie:
   Blatt-Petersilie 119
   Wurzel-Petersilie 120
Pfeffer-Minze 121
Pilze 172 ff.
Pimpinelle 122
Porree 123
Portulak:
   Gemüse-Portulak 124
   Sommer-Portulak 124
   Winterportulak 125

Radicchio 126
Radies 127
Radieschen 127
Rauke:
   Öl-Rauke 128
   Rucola 129
   Salat-Rauke 128
   Wilde Rauke 129
Rettich 130
Rhabarber 131
Rosmarin 132
Rote Bete 133
Rote Rübe 133
Rübstiel 155
Rucola 129

Salat:
   Baby leaf lettuce 134
   Binde-Salat 141
   Blatt-Salat 135
   Blatt-Salat (Treib-) 136
   Eis-Salat 138
   Kopf-Salat 139
   Kopf-Salat (Treib-) 140
   Little gem 142
   Pflück-Salat 135
   Pflück-Salat (Treib-) 136
   Romana, Mini- 142
   Romana-Salat 141
   Römischer Salat 141
   Salatherzen 142
   Schnitt-Salat 135
   Schnitt-Salat (Treib-) 136
Salat-Chrysantheme 151
Salbei, Echter 143
Salbei, Garten- 143

Samtfußrübling 181
Schalotte 169
Schnitt-Lauch 144
Schopftintling 182
Schwarzwurzel 145
Schwefelkopf, Rauchblättriger 183
Seitling, Austern- 174
Seitling, Austern-, Sommer- 175
Seitling, Austern-, Taubenblauer 175
Seitling, Austernpilz 174
Seitling, Kräuter- 175
Seitling, Mannstreu- 175
Seitling, Rillstieliger 175
Sellerie:
   Bleich-Sellerie 146
   Knollen-Sellerie 147
   Schnitt-Sellerie 148
   Stangen-Sellerie 146
   Stauden-Sellerie 146
Senf-Spinat 19
Shii-take 184
Shiso 19
Sojabohne 32
Spaghettibohne 33
Spanischer Pfeffer 116
Spargel:
   Bleich-Spargel 149
   Grün-Spargel 150
Spargelbohne 33
Speise-Chrysantheme 151
Speiserübe:
   Herbst-Rübe 152
   Kleine Speiserübe 153
   Mai-Rübe 154
   Rübstiel 155
   Stielmus 155
   Stoppel-Rübe 152
   Teltower Rübchen 153
Spinat:
   Blatt-Spinat 156
   Wurzel-Spinat 157
Steck-Rübe 84
Stielmus 155
Stockschwämmchen 185
Stoppel-Rübe 152
Süßkartoffel 158

Tabasco 116
Teltower Rübchen 153
Thymian 159
Tomate 160, 162

Tomate (Treib-) 161 f.
Topinambur 163

Winterpilz 181
Wirsing-Kohl 83

Ysop 164

Zitronen-Melisse 165
Zitronenstrauch 166
Zitronen-Verbene 166
Zucchini 92 f.
Zucchini (Treib-) 94
Zucker-Mais 167

Zuckerwurzel 168
Zweisporiger Egerling 176
Zwiebel:
  Schalotte 169
  Speise-Zwiebel 170
  Winterheck-Zwiebel 171

Register der wissenschaftlichen Pflanzennamen

*A*belmoschus esculentus 111
Agaricus bisporus 176, 177
Allium cepa Aggregatum Grp. 169
Allium cepa Cepa Grp. 170
Allium fistulosum 171
Allium porrum var. porrum 123
Allium sativum 70
Allium schoenoprasum var. schoenoprasum 144
Allium tuberosum 71
Allium ursinum 22
Aloysia triphylla 166
Anethum graveolens var. hortorum 43 f.
Anthriscus cerefolium ssp. cerefolium 68
Apium graveolens var. dulce 146
Apium graveolens var. rapaceum 147
Apium graveolens var. secalinum 148
Arachis hypogaea 54
Armoracia rusticana 104
Artemisia abrotanum 45
Artemisia dracunculus 55
Artemisia vulgaris 26
Asparagus officinalis 149 f.
Atriplex hortensis 60
Auricularia auricula judae 178

*B*eta vulgaris ssp. cicla var. cicla 102
Beta vulgaris ssp. cicla var. flavescens 103
Beta vulgaris ssp. vulgaris var. vulgaris 133
Borago officinalis 38
Brassica juncea 19
Brassica napus ssp. rapifera 84

*C*apsicum annuum 114 f.
Capsicum annuum var. grossum 116
Capsicum annuum var. longum 116
Capsicum frutescens 116
Carum carvi 90
Chaerophyllum bulbosum 69
Chenopodium foliosum 53

Brassica oleracea var. acephala f. crispa 77
Brassica oleracea var. acephala f. palmifolia 77
Brassica oleracea var. botrytis 72 f.
Brassica oleracea var. gemmifera 79
Brassica oleracea var. italica 74
Brassica oleracea var. sabellica 76
Brassica oleracea var. capitata f. alba 81 f.
Brassica oleracea var. capitata f. rubra 80
Brassica oleracea var. gongylodes 78
Brassica oleracea var. sabauda 83
Brassica rapa ssp. chinensis 18, 113
Brassica rapa ssp. nipposinica 19
Brassica rapa ssp. nipposinica var. chinoleifera 19
Brassica rapa ssp. pekinensis 75
Brassica rapa var. rapa subvar. majalis 154 f.
Brassica rapa var. rapa subvar. pygmaea, auch f. teltowiensis 153
Brassica rapa var. rapa subvar. rapifera 152

Cicer arietinum 49
Cichorium endivia var. *crispum* 48
Cichorium endivia var. *latifolium* 47
Cichorium intybus var. *foliosum* 42, 126
Citrullus lanatus var. *vulgaris* 105
Claytonia perfoliata 125
Cochlearia officinalis 89
Coprinus comatus 182
Coriandrum sativum 85
Cucumis melo 106
Cucumis melo Inodorus Grp. 107
Cucumis melo Reticulatus Grp. 107
Cucumis sativus 62 ff.
Cucurbita maxima 96
Cucurbita maxima convar. *hubbardina* 97
Cucurbita maxima convar. *turbaniformis* 97
Cucurbita pepo convar. *giromontiina* 92, 94
Cucurbita pepo convar. *patissonina* 95
Cynara cardunculus 41
Cynara scolymus 17

*D*aucus carota ssp. sativus 108 f.
Diplotaxis tenuifolia 129

*E*ruca sativa 128

*F*lammulina velutipes 181
Foeniculum vulgare ssp. vulgare var. azoricum 58
Foeniculum vulgare ssp. vulgare var. dulce 59

*G*anoderma lucidum 180
Glycine max 32

*H*elianthus tuberosus 163
Hypholoma capnoides 183
Hyssopus officinalis ssp. officinalis 164

*I*pomoea batatas 158

*K*uehneromyces mutabilis 185

*L*actuca sativa ssp. 134
Lactuca sativa var. capitata 138 ff.
Lactuca sativa var. crispa 135 f.
Lactuca sativa var. longifolia 141 f.
Lagenaria siceraria 91
Lavandula angustifolia ssp. angustifolia 98
Lens culinaris 100
Lentinus edodes 184
Lepidium sativum 87
Levisticum officinale 99
Lycopersicon esculentum 160 ff.

*M*elissa officinalis 165
Mentha × piperita 121
Mesembryanthemum crystallinum 46
Momordica charantia 61
Montia perfoliata 125

*N*asturtium officinale 86

*O*cimum × hybrida 24
Ocimum basilicum 23, 25
Origanum majorana 101
Origanum vulgare ssp. vulgare 112

*P*astinaca sativa 117
Perilla frutescens 19
Petroselinum crispum var. crispum 119
Petroselinum crispum var. tuberosum 120
Phaseolus coccineus 29
Phaseolus lunatus 30
Phaseolus vulgaris var. nanus 27
Phaseolus vulgaris var. vulgaris 34 f.
Physalis peruviana 16
Pisum sativum convar. medullare 50
Pisum sativum convar. sativum 51
Pisum sativum convar. axiphium 52
Pleurotus cornucopiae 175
Pleurotus eryngii 175
Pleurotus ostreatus 174
Pleurotus ostreatus var. columbinus 175
Pleurotus pulmonarius 175
Portulaca oleraceae ssp. sativa 124

*R*aphanus sativus var. niger 130
Raphanus sativus var. sativus 127
Rheum rhabarbarum 131
Rosmarinus officinalis 132

*S*alvia officinalis 143
Sanguisorba minor ssp. minor 122
Satureja hortensis 36
Satureja montana ssp. montana 37
Scorzonera hispanica 145
Sium sisarum 168
Solanum melongena 20 f.
Solanum muricatum 118
Solanum tuberosum 67
Spinacea oleracea 156 f.
Stropharia rugoso-annulata 179

*T*etragonia tetragonioides 110
Thymus vulgaris 159
Tragopogon porrifolius ssp. porrifolius 65
Tropaeolum majus 88

*U*rtica dioica ssp. dioica 39
Urtica urens 40

*V*alerianella locusta 56 f.
Vicia faba var. faba 28
Vigna radiata var. radiata 31
Vigna unguiculata ssp. sesquipedalis 33

*X*anthophthalmum coronarium 151

*Z*ea mays Saccharata Grp. 167
Zingiber officinale 66

Bildnachweis

Fotos

Andreas Bärtels, Waake: Seite 46
Klaus Becker, Freiburg/Br.: Seite 20, 25, 78, 81, 87
Helga Buchter-Weisbrodt, Rödersheim: Seite 93 (unten rechts)
Beat Ernst, Basel: Seite 171
GBA/Bellmann: Seite 5
Stefan John, Kiel: Seite 105
Werner Kost, Reutlingen: Seite 52, 58, 160
Elke Papouschek und Alice Thinschmidt, Wien: Seite 168
Wolfgang Redeleit, Bienenbüttel: Seite 50, 125, 131, 143, 175
Hans Reinhard, Heiligkreuzsteinach: Seite 14/15, 28, 33, 35, 40, 42, 45, 49, 51, 59, 69, 71, 77 (oben rechts), 79, 83, 84, 89, 90, 92, 114, 116 (unten rechts), 117, 124, 133, 151, 162 (oben links), 167, 170, 172/173, 181
Nils Reinhard, Heiligkreuzsteinach: Seite 41, 144
Gitte und Siegfried Stein GbR, Vastorf: Seite 22, 65, 77 (oben links), 134, 152, 153, 163, 179, Titelmotiv (oben)
Friedrich Strauß, Au/Hallertau: Seite 32
Alle übrigen Motive stammen von der Autorin.

Zeichnungen

Die Zeichnungen fertigte Herr Flubacher, Waiblingen, nach Vorlagen aus KREUZER, Kreuzers Gartenpflanzen Lexikon 7: „Gemüse, Kräuter, Kulturpilze", 1. Auflage, Verlag Bernhard Thalacker, an.